CORAL & TUSK

STEPHANIE HOUSLEY

Thank you so much for taking interest in this book.

It has been an incredible journey and a labor of love. I am thrilled to share every aspect of myself as a human being, from my birth, childhood, education, inspirations, and current daily life. I have shared all of these personal aspects in tandem with who I am as a designer, artist and business owner. This book also captures a snapshot of every year we have been in business (15 years now!), providing an archival portfolio capturing the company we have created.

We hope you enjoy the experience! I look forward to hearing your feedback and input you care to share as you move through the years with us!

この本に興味をもっていただき、ありがとうございます。

本が完成するまでの旅は、それはそれは心のこもった作業の連続でした。私の生まれたときから幼少期、学生時代のこと、Coral & Tusk が生まれるまでの話、デザインのインスピレーション、そして今にいたるまでの日々。ひとりの人として、デザイナー、アーティスト、ビジネスオーナーとして、自分のあらゆる側面を共有できたことにワクワクしています。同時にこの本は、Coral & Tusk 創業から15周年までの主な作品を、1年ずつご紹介しています。ぜひ、Coral & Tusk の旅をお楽しみください！　みなさんの感想を聞けることを楽しみにしています。

Stephanie Housley

ステファニー・ハウズリー

CONTENTS

CREATIVE LIFE IN WYOMING   12

CORAL & TUSK CHRONICLE   2008 – 2022   33
Coral & Tusk 15年間の軌跡

CREATING THE DESIGNS   204
Coral & Tuskの製品ができるまで

HAND EMBROIDERY   212
手刺繍について

CORAL & TUSK × NEKOMURA SAN   222
漫画家・ほしよりこさんとのコラボレーション

CORAL & TUSK × HANAKO PROJECT   228
俳優・石田ゆり子さんとのコラボレーション

LIVING WITH CORAL & TUSK   230
Coral & Tuskと暮らす

STEPHANIE'S STORY   249
ステファニー・ハウズリーの半生と Coral & Tuskのものづくり

CREATIVE LIFE
IN WYOMING

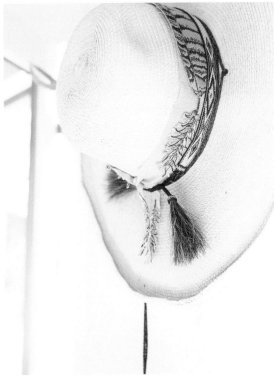

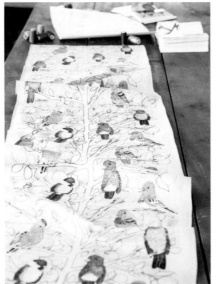

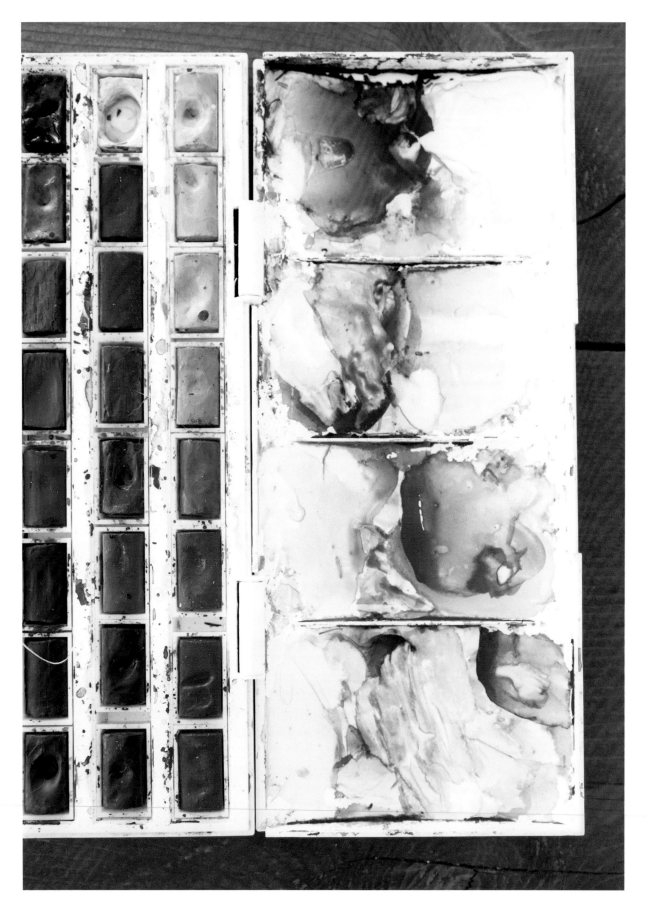

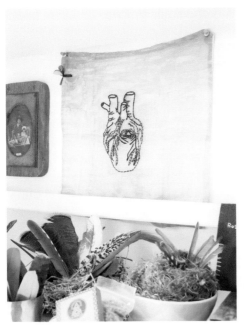

CORAL & TUSK CHRONICLE 2008–2022

Coral & Tusk 15年間の軌跡

2008

IT STARTED WITH SEA AND MATCH

メモリーゲームから始まった

　初めてつくったのは、メモリーゲームの"Sea and Match Game"です。仲のよい友人たちにちょうど子どもが生まれ家族が増えていく頃で、彼らにプレゼントしようと思い立ちました。海の生物をAからZまで描くカードは、全部で52枚。手刺繍で始めたものの、とてつもなく時間がかかってしまう。そこで私は刺繍専用のミシンを入手し、独学で使い方を覚えてカードを完成させました。ミシンでつくった第1号です。

　当時、よくデザインしていたのは、海の生物。地上のことはふだん目にすることができるけれど、海の中はよく知らないし、わからない……。そんなミステリアスなところに想像力をかき立てられました。

　"Very Hungry Whale"は、『There Was an Old Lady Who Swallowed a Fly（ハエをのみ込んだおばあさん）』の物語がヒントになっています。夫のクリスが「クジラが何かをのみ込むのも、おもしろいんじゃない？」と提案してくれたことや、義足をつけた船長さんにも興味があったので、それらをモチーフにイマジネーションがどんどん広がりました。

　友人たちに次々と家族が増えていくなか、私にとって家族が増えるような存在が、Coral & Tuskでした。

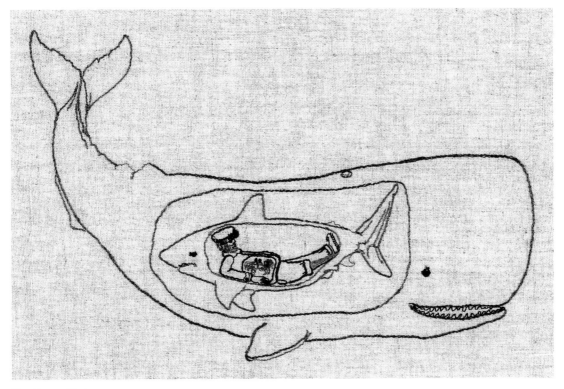

Very Hungry Whale

Ship in a Bottle

ガラス瓶にメッセージを入れる習慣と、瓶
の中に精巧につくられる船がインスピレー
ション。カニはどうしたらこの瓶から出ら
れるかを考えている、という物語。

ボートから垂らしたアンカーは、珊瑚やガ
イコツを突き抜け、最後にはカニのはさみ
に刺さってしまう。隣のカニのはさみはす
でに砕かれ、今はフックをつけています。

Sea and Match Game

子育て中の友人家族にプレゼントしたくて
つくったもの。手刺繍はあまりにも時間が
かかることに気づき、刺繍専用のミシンを
買うきっかけになりました。初めて自分の
ミシンで刺繍した製品。26種類の海の生物
を2枚ずつ、外箱にも刺繍を施して。数個
しか生産していない希少品。

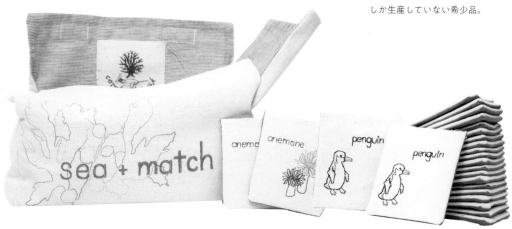

2009

INNOVATIVE
POCKET PILLOWS

ポケットピローが生まれる

　2009年はテキスタイルデザイナーとしてまだフルタイムの仕事を続けていて、年に2回、約1カ月間インドへ行っていました。Coral & Tuskとしては、無地のリネンだけでなく、柄のある生地を試したり、紙を使った製品を考えたり。素材、製品づくりのプロセス、デザインのスタイルをいろいろ試した1年でした。その当時入手したミシンを上手に使いこなす方法を、製品をつくりながら学んだ年です。

　ポケットピローが生まれたのは、この頃。子どものときからポケットが大好きで、いつも何かを入れて遊んでいました。たとえばネコヤナギの枝。フワフワとした花穂に目を描いてポケットに忍ばせる。そっと手を入れると、そのやわらかな感触にドキドキ。目をつけたネコヤナギが小さなベッドで眠っている……。想像は膨らんでいきました。

　こんなふうにポケットの中に何かを入れて遊んでいたので、ポケットピローというアイディアは、私の幼少時代の体験が元になっています。クッションカバーにポケットをつけたら楽しいし、遊べるし、驚きもあるし、デザインだって生き生きしてくる。そのワクワクするような感覚は、大人になった今も変わりません。

Owl in Tree Pocket Pillow
30×40cm

子どもの頃から大好きな絵本『Sloth's Birthday Party』と『クマのプーさん』に登場するフクロウにインスピレーションを得たデザイン。どんな性格でどんな家に住んでいるかを想像しながら、フクロウが住む木の家を楽しく飾りました。

Baby Book

母がつくってくれたベビーブックが大好き
だったので、親友の出産祝いにも同じように
贈りたい。そう思ったことがきっかけで生ま
れた製品です。インドの工場で生産管理を担
うユクティと初めていっしょに取り組み、彼
女が紹介してくれた刺繡専門の工場で12点
だけつくりました。

Baby Book Cover

Baby Book Family Tree

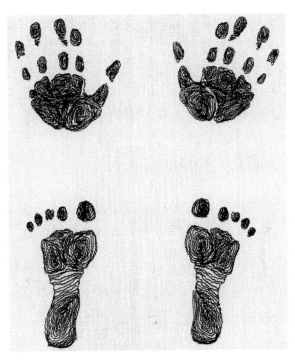

Baby Book Hands and Feet Prints

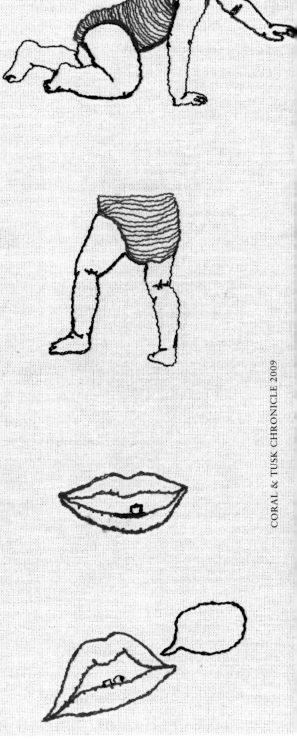

Baby Book Lock of Hair

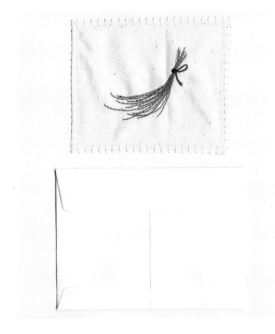

Baby Book Firsts

Loyalty

Opportunity

Hope

Salvation

鳥が大好きで、鳥が表すシンボルも好き。
このデザインでは鳥とシンボルをいっしょ
に描きました。カーディナルと心臓で「希
望」、ゴシキヒワと扉で「機会」など。

Indian Elephant

Indian Cow

インドを訪れるたびに感じたのは、どんな場所にも
必ず何かしらの装飾が施されていること。このデザ
インは、きらびやかに飾られた動物に出会った体験
を元に、その美しい姿を刺繍で表現しました。

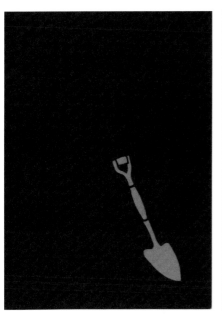

Gold Digger

Gold Key

Heart of Gold

Laser Cut Stationery
13×18cm

刺繍の背景ではあまり使わない黒や濃い色でレー
ザーカットのペーパーカードを制作。ゴールドと黒
の組み合わせも好き。"Gold Digger" はお金目当て
の人など、ゴールドに由来することわざを表現。

45

2010

CREATING A CHILDREN'S COLLECTION

キッズブランドの展示会に参加

　2010年は、赤ちゃんや小さい子ども向けの製品をたくさんつくり、Playtime（プレイタイム）というキッズブランドが集まる展示会に参加しました。配布用のカタログや価格リストも用意していなかったくらい展示会初心者だった私にとって、学びの機会になりました。出展したおかげでニューヨークの素敵なお店とつながることができ、お店の様子やオーナーの人柄を知ることができたのは、とても有意義な体験でした。

　ポケットピローのデザインも増えました。ポケットに人形が入っているというアイディアには驚きや楽しみがあります。デザイナーとして感じる喜びは、手にした人が小さなディテールや物語に気づき、その発見を楽しんでくれること。じっくりと観察して、発見して、楽しむ。だからポケットをつけたり、小さな動物を描いたりして、それを発見してもらえるのがうれしいのです。私が通った大学で学んだことの一つに「自分の作品を気に入ってもらうために説明は必要ない」があります。それは手にした人が感じとるものだから、説明は不要だと。インテリアアイテムとしてすぐれたデザインであることに加え、その一歩先にあるこだわりが、ポケットピローをつくり続けている理由なのです。

Bear Cave Pocket Pillow
30×40cm

Donkey and Horse Make Mule Pocket Pillow
30×40cm

上のピローはクマの親子。お母さんグマが
手に持っているのはラッキーアイテムの馬
蹄（ホースシュー）です。下のピローは、雌
の馬と雄のロバからラバが生まれる話。

1 Essentials for Any Pirate Pillow 30×40cm

2 Glacier Pocket Pillow 30×40cm

3 Tugboat Pillow 30×40cm

4 Penguin Pocket Pillow 30×40cm

5 Knots Pillow 30×40cm

3

4

5

Monkey with Balloon Onesie

High Five Onesie

Feather Booties

Party Booties

この頃はインテリアのアイテムに絞らず、いろいろなものにチャレンジしようと思っていました。ワンジーやブーティーといった赤ちゃんや子ども向けのアイテムは、動物との相性もよく、自然な流れで誕生。ニューヨークのお店「エイコーン」との出会いやPlaytimeへの出展もきっかけに。

Pandas Booties

Whaleburg Onesie

Fox and Box

Birthday Bear

Laser Cut Stationery
13×18cm

High Seas

Frog on Fern

Crocodile and Plover

"Crocodile and Plover" は、ワニの歯についた肉片を
千鳥が食べるという、ワニと千鳥の共生関係に興味を
覚え、友情のシンボルとしてつくったカードです。

2011

INTRODUCING POCKET DOLLS

ポケットドールの誕生

　当時、ニューヨークのユダヤ博物館でマイラ・カルマンの作品展がありました。多くの作品のなかで、幼い少女が小さな人形を手にしている絵が目にとまりました。女の子と人形の大きさのバランスが不思議なくらい印象に残ったのです。そのとき、手で握れるくらいの小さな人形をつくったら楽しいだろうなとひらめきました。人形には大好きなポケットとその中に入れる小物もつけたらどうだろう。するとクリスが「その人形の性格を説明するカードをつけたらおもしろいんじゃない？」とアドバイスをくれました。こうしてポケットドールが誕生したのです。

　この年に生まれたデザインにもう一つ、フェザー（羽根）があります。あるとき、お客さまにバケツ型バッグをカスタムでつくったお礼に、お宅に招かれディナーをごちそうになりました。私はそのお返しにフェザーをモチーフにしたアクセサリーをつくろうと思いました。なぜフェザーだったのか。今思い返せば、動物の柄は好みが分かれるけれど、羽根の柄は老若男女問わず好まれると考えたのかもしれません。このアクセサリーがきっかけとなり、フェザーモチーフの製品が次々と増えます。ほどなく、Coral & Tusk で人気の定番モチーフへと成長していきました。

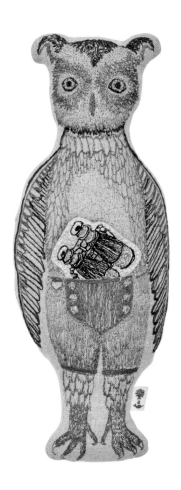

Bear Pocket Doll
with Slingshot
7.5×23cm

Owl Pocket Doll
with Binoculars
7.5×23cm

Fox Pocket Doll
with Camera
7.5×23cm

ポケットにはそれぞれお気に入りの小物が入って
います。クマ、フクロウ、キツネにウサギを加え
た4種類が最初に生まれました。彼らのことはよ
く描いていて、今でも頻繁に登場する常連です。

Feather Mobile
30×30×45cm

羽根は模様が複雑でパターンが異なるものを描き
たくなります。カラフルな羽根はエキゾチックな
雰囲気になりすぎるので、色よりも模様を重視。
最終的な色合いは、元の羽根を参考に全体のバラ
ンスを見ながら変えたりしています。

Small Feathers Pillow
30×40cm

Crossed Arrows Pillow
30×40cm

Large Feathers Pillow
30×40cm

ガールスカウトのハンドブックでは、項目にあること
をやり遂げるとバッジがもらえました。動物や風景が
描かれたバッジはお気に入りで、これらのバッジはそ
れをヒントにデザインしたものです。

5~6×8~10cm **1** Sloth Medal **2** Tiger Badge **3** Wolf Badge
4 Quail Medal **5** Foxy Badge **6** Bear Badge **7** Panda Medal
8 Badger Badge **9** Bunny Badge **10** Bison Badge

Man Eating Tiger Pillow
30×40cm

Hungry Hungry Hippo Pillow
30×40cm

動物のおなかにほかの動物が入っているハングリー
シリーズ。「カバは強力なアゴをもち、とても強い。
ワニだってかみ殺すほど」。父親に教えてもらった
話をヒントにこのデザインが生まれました。

Sparklers

CORAL & TUSK CHRONICLE 2011

Embroidered Stationery 12.5×17.5cm

Merci

Hedgehog on Sled

Red Panda Champ

ジョン・デリアンに提案するために、1点だけ
エプロンを制作。後日、ジョンからエプロンの
オーダーをもらいました。それがエプロンづく
りの始まりです。

Arctic Wreath
Napkin
40×40cm

Eyeglasses Apron
65×107cm

Wisdom Apron
65×107cm

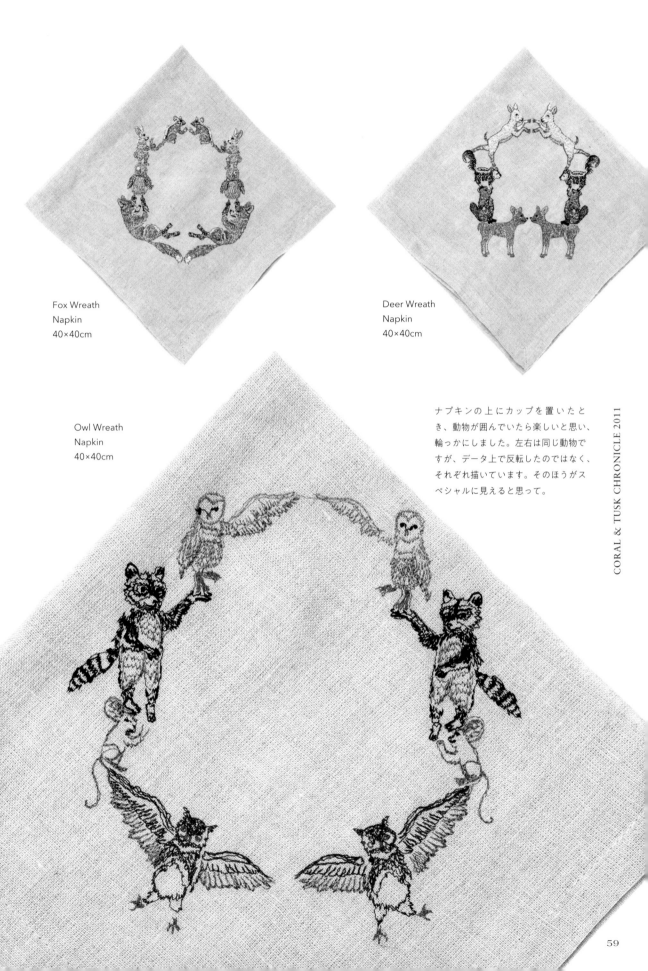

Fox Wreath
Napkin
40×40cm

Deer Wreath
Napkin
40×40cm

Owl Wreath
Napkin
40×40cm

ナプキンの上にカップを置いたとき、動物が囲んでいたら楽しいと思い、輪っかにしました。左右は同じ動物ですが、データ上で反転したのではなく、それぞれ描いています。そのほうがスペシャルに見えると思って。

2012

EXPLORING JEWELRY AND ACCESSORIES

アパレル向けの刺繍デザイン

　この頃、アパレルにも挑戦してみたくなり、Coral & Tusk ADORN（アドーン）を立ち上げました。刺繍のデザインはホームプロダクトの延長ではなく、スカーフやネックレスといったファッションアイテムから発想。でもおもしろいことに、アパレルとしてデザインしたフェザーのスカーフは、テーブルランナーにも適していると気づきました。のちにロングセラーとなるフェザーのテーブルランナーは、奇しくもアパレルからホームプロダクトが生まれるという逆の流れで誕生したのです。

　アルファベットのアイテムも2012年に生まれたもの。これは元々、お客さまに自由に組み合わせていただくバナー（旗飾り）をイメージしてつくり始めたので、デザインの基準は2つ決めました。1つはそれぞれのアルファベットで始まる動物にすること、2つめはその動物がそのアルファベットの形になれること。特に気に入っているのは、"B for Bear" と "F for Fox" です。"B for Bear" には大好きな赤ちゃんグマを登場させました。"F for Fox" は、Fの形にするにはキツネの手に何かを持たせたい。そこで、以前から興味をもっていたfalconry（鷹狩り）をヒントに、ファルコン（鷹）を描きました。

のちにロングセラーとなるテーブルラン
ナーのきっかけになったスカーフ。素材
はシルク。シルバーを背景に選んだのは、
好きな色だということと、生成りのリネ
ンのような感覚で、デザインになじむ色
だと思ったからです。

Feathers on Silk with
Black Silk Backing
198×45cm

Cheyenne on Silk Scarf
76×76cm

Wing Tips on Silk Scarf
76×76cm

Pomegranate on Silk Scarf
76×76cm

スカーフの色はすべてカスタムの色で染め
ました。アパレルならこれがよいかな、と
いう感覚で選んだ色です。ザクロのデザイ
ン（中央）は、トルコに旅をしたときに見
たテキスタイルがヒントになりました。

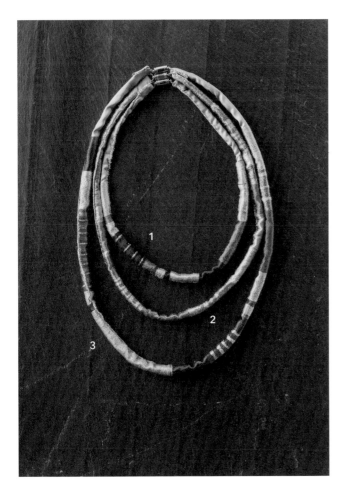

1～3のネックレスは、表面すべてを刺繍しました。小さいアクセサリーだからこそできることです。4～7も小さい分、こまかい刺繍やディテールの表現が可能。インテリアのアイテムとは違うスケール感を楽しみながらデザインしました。

Color Block on Ivory Silk
1 Small 40cm
2 Medium 46cm
3 Large 50cm

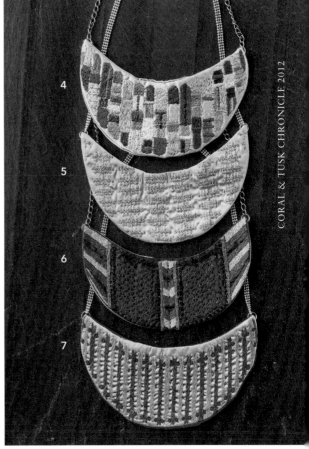

CORAL & TUSK CHRONICLE 2012

Necklace 18×8cm , 40cm
4 Nima Crescent
5 Lila Crescent
6 Zari Crescent
7 Farah Crescent

Feather Cluster Large Cushion
76×76cm

Plains Fox Pocket Pillow *
30×30cm

Wing Tips Pillow
30×40cm

当時、アメリカでは弓矢やウエスタンをモチーフ
にしたデザインが人気となり、自然と私もデザイ
ンモチーフとしてとり入れました。

＊マークのついた製品に関しては、270ページの「『文化の
私物化』について考えたこと」をごらんください。

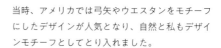

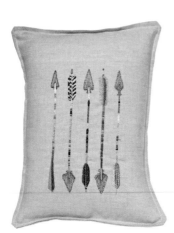

Five Arrows Pillow
30×40cm

Bear Portrait *
30×30cm

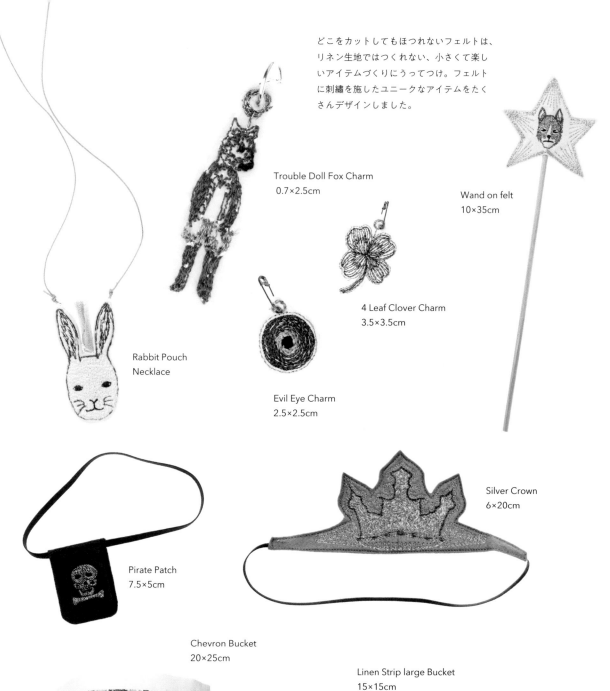

どこをカットしてもほつれないフェルトは、リネン生地ではつくれない、小さくて楽しいアイテムづくりにうってつけ。フェルトに刺繍を施したユニークなアイテムをたくさんデザインしました。

Trouble Doll Fox Charm
0.7×2.5cm

Wand on felt
10×35cm

4 Leaf Clover Charm
3.5×3.5cm

Rabbit Pouch
Necklace

Evil Eye Charm
2.5×2.5cm

Silver Crown
6×20cm

Pirate Patch
7.5×5cm

Chevron Bucket
20×25cm

Linen Strip large Bucket
15×15cm

当時、収納アイテムとしてバケツ型バッグが流行っていましたが、製品のきっかけとなったのは、2011年にフェザーのアクセサリーをプレゼントしたお客さま用につくったバケツ型バッグです。それから形やデザインを変えて、この年にCoral & Tuskの製品として新しく誕生しました。

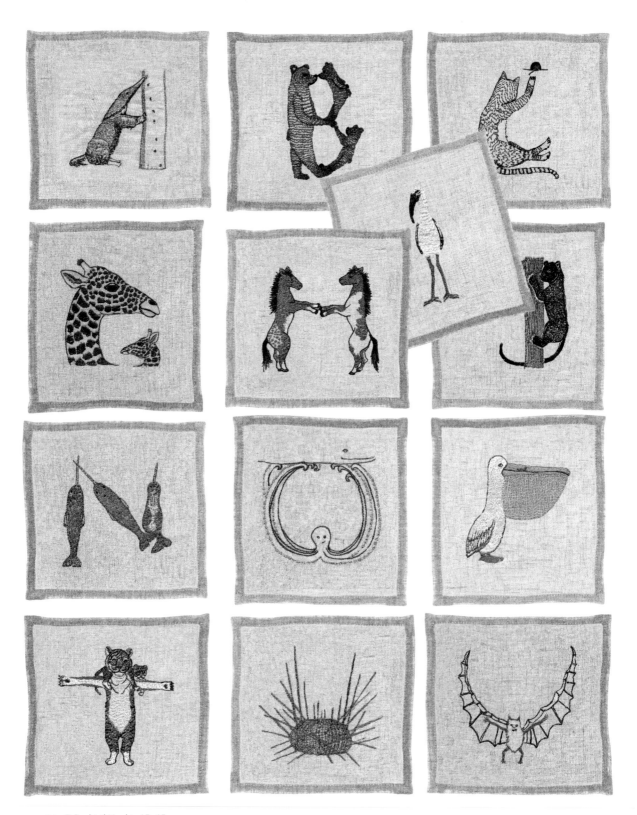

A to Z Cocktail Napkin 15×15cm

A for Anteater（アリクイ）、B for Bear（クマ）、C for Cat（ネコ）、D for Dog（イヌ）、E for Elephant（ゾウ）、F for Fox Falconer（キツネの鷹匠）、G for Giraffe（キリン）、H for Horse（ウマ）、I for Ibis（トキ）、J for Jaguar（ジャガー）、K for Koala（コアラ）、L for Lemur（キツネザル）、M for Moose（ムース）、N for Narwhal（イッカク）、O for Octopus（タコ）、P for Pelican（ペリカン）、Q for

Quetzal（ケツァール）、R for Rabbit（ウサギ）、S for Squirrel（リス）、T for Tiger（トラ）、U for Urchin（ウニ）、V for Vampire Bat（吸血コウモリ）、W for Woodpecker（キツツキ）、X for X-ray Tetra（プリステラ）、Y for Yeti（イエティ）、Z for Zebra（シマウマ）

2013

MAGAZINE DEBUT

憧れの雑誌に掲載される

　2013年最大のトピックといえば、アメリカのライフスタイル誌『Martha Stewart Living』に掲載されたことです。マーサ・スチュワート リビングといえば、私が刺繍専用のミシンを見つけ、Coral & Tusk を始めるきっかけとなった雑誌。取材の話が舞い込んだのは、フルタイムの仕事を辞め、Coral & Tusk に専念するようになった矢先。なんて幸先のよいスタート！取材に合わせて新オフィスとなるウィリアムズバーグへの引っ越しの時期をしっかり定め、入念にセットアップしました。

　6ページに及ぶ特集では、ポケットドールをはじめ、数々の製品が登場。創業秘話や制作風景を交え、Coral & Tusk の世界観が紹介されています。いつか雑誌に載りたいという夢が叶い、認知度が低かった私たちのブランドは、掲載を機に多くの人に知ってもらえるようになりました。

　クリスマスアイテムを初めてつくったのもこの年です。季節が限定されてしまうので消極的だったのですが、取引先に「クリスマスのアイテムはよく売れるから、ぜひつくってほしい」と言われ、踏み切りました。最初に生まれたのは、クリスマスのくつ下とオーナメント。オーナメントは、今となってはCoral & Tusk の定番商品になりました。

Alphabet Quilt 81×127cm

CORAL & TUSK CHRONICLE 2013

オハイオの祖母や母もつくっていたキルト。
ベビーブランケットも思い出の品なので、そ
のアイディアが重なって生まれました。

1

2

3*

4

5

1 Five Arrows Pillow 30×40cm **2** Cheyenne Large Cushion 76×76cm **3*** Navy Quill Lumbar Pillow 40×80cm **4** Color Diamond Charcoal Pillow 30×40cm **5** Herringbone Diamond Pillow 40×40cm **6** Feather Cluster Large Cushion 76×76cm **7** Color Diamond Turquoise Pillow 30×40cm **8** Color Stripe Pillow 30×40cm

ボルスターやランバーなど、それまで手がけ
きたタイプとは違う形や大きさのピローをつ
くりました。卸先のお客さまに提案されたの
をきっかけにコレクションに加えました。

＊マークのついた製品に関しては、270ページの
「『文化の私物化』について考えたこと」をごらんく
ださい。

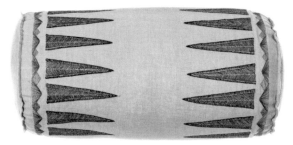

Navy Quill Round Bolster *
20×40cm

＊マークのついた製品に関しては、
270ページの「『文化の私物化』につ
いて考えたこと」をごらんください。

Chevron Round Bolster
20×40cm

Feather Fan Round Bolster
20×40cm

キツネ、アライグマ、ウサギの冒険家はそ
れぞれ重要な役割を担っています。危険が
ないか地域を調べるキツネ、警備役のアラ
イグマ、そして世話役のウサギです。

Scouter Pillow
40×40cm

Sentinel Pillow
40×40cm

Keeper Pillow
40×40cm

Chevron Lumbar Pillow
40×80cm

インドの人々にとって、ウシは神聖な生き物
で、美しくペイントされた姿をよく見かけま
す。ウエディングやイベントでは装飾された
ゾウやラクダも。そんな美しい動物たちを思
い描いてデザインしました。

Carousel Lumbar Pillow
40×80cm

左のピローは、シェーカーの「ツリー・オブ・
ライフ」という有名な絵をヒントに、森に
住む動物たちをファミリー・ツリーのよう
に表現。下のピローは、秋の収穫シーズン
を動物たちが祝っているシーンです。

Tree of Lite Pillow
50×50cm

Harvest Pillow
30×30cm

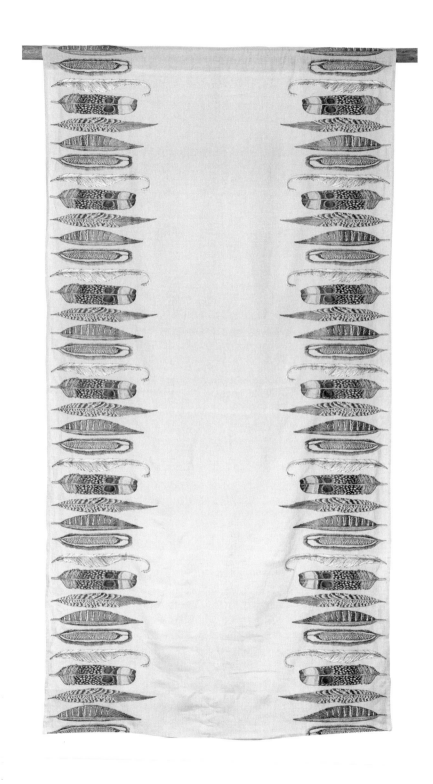

Feathers Vertical Curtain 127×243cm

タカ、ワシ、ハヤブサ、フクロウなどの猛禽
類の羽根をデザイン。それぞれの柄は、自然
界の美しい創造物を大切にし、敬意を表する
ことを思い起こさせてくれます。

1 Feathers Horizontal Curtain 127×243cm
2 Five Arrows Pillow 30×40cm

パリのインテリアショップで素敵なトリムをたくさん見て感動。Coral & Tuskでも小さくて魅力的な装飾品をつくりたいと思い、ブートニアをデザインしました。

Forget Me Not Bunch
Boutonniere
7.5×5cm

Two Dandies
Boutonniere
7.5×5cm

Pink Geranium
Boutonniere
7.5×5cm

Dandy Sprig
Boutonniere
7.5×5cm

オーナメントに綿を入れたのはこれが初めて。ポケットドールのミニバージョンをつくるような感覚で始めました。今となってはCoral & Tuskの定番商品に。

Stuffed Ornament 10×6cm
1 Fox with Present **2** Badger with Mistletoe **3** Reindeer with Bells **4** Christmas Fox **5** Bunny Holly **6** Bear with Tinsel

7 Bunny Holly Small Stocking 45×25cm 8 Bear with Tinsel Small Stocking 45×25cm 9 Fox with Present Small Stocking 45×25cm 10 Animal Tree Large Stocking 60×30cm 11 Deer with Lights Small Stocking 45×25cm 12 Peek-a-tree Large Stocking 60×30cm

子どもの頃、クリスマスのくつ下が大好きでした。中にはコインの形をしたチョコレートやキャンディー、小さなおもちゃやゲームなど、サンタさんからの小さなプレゼントがたくさん。私はどちらかというと、ギフトラッピングされた大きなプレゼントよりも、くつ下の中身が楽しみで、いつもワクワクしていました。

1 Chevron Table Runner 198×45cm **2** Chevron Dinner Napkin 50×50cm

ティータオルをつくりたかった理由の
一つは、ギフトに最適だと思ったこと。
ティータオルなら場所をとらないし、
もらうとうれしくなります。

Tea Towel 45×63cm
3 Wolf Love
4 Kit Love
5 Chipmunk Love
6 Fox Love

7 Bugs Set of 4 Cocktail Napkins 14×14cm

元々昆虫が好きで、その模様の鮮やかさにも
魅了されています。私が通った大学にはネイ
チャーラボがあり、そこでよく昆虫の標本を
見て絵を描いていました。バグ（虫）シリー
ズはそのときの経験が元になっています。

8 Large Feathers Table Runner 198×45cm
9 Fox Wreath Dinner Napkin 40×40cm

2014

DRAWING BOTANICALS

植物柄に挑戦する

　テキスタイルデザイナー時代、多くの植物柄をデザインしてきた私は、Coral & Tusk ではあえて植物を避けてきました。写実的すぎる植物はピンとこないし、動物のように生き生きと描ける自信もない。でも、ストックホルムでたまたま見かけた本が、そんな意識を一変させました。それは、ヨセフ・フランクのテキスタイル作品集。スウェーデンの老舗テキスタイルブランド、スヴェンスクト・テンの著名デザイナーの本でした。作品集にはファンタジックな植物の世界が広がり、今まで触れてきた写実的な植物とは大違い。植物柄の新天地を見るようでした。激しく心を揺さぶられ、植物柄に挑戦したい！と意欲が湧きました。さっそくデザインにとりかかり、結実したのが2014年のボタニカルシリーズです。

　この年のさらなる挑戦は、ニューヨークにあるテキスタイルブランド、Pollack（ポーラック）とのコラボレーション。Coral & Tusk で人気のフェザーと、サーカスをモチーフにファブリックを制作しました。Pollackのデザイナーは、大学でルームメイトだった親友のレイチェル・ドリス。大学で苦楽をともにし、別々の道へと進んだふたりが、プロとしていっしょにものづくりをする。こんなにうれしいことはありません。

Plants Lumbar Pillow
40×80cm

Poppy Pillow
40×40cm

Thistle Pillow
40×40cm

ヨセフ・フランクの作品集に触発されて制作したボタニカルシリーズ。シダ、アイビー、ハーブが自然のままに生い茂る様子を幻想的に描きました。葉脈まで施した刺繍は、テーブルランナーだと472,000 ものステッチを要し、刺し終わるまで26時間かかります。

2

1 Plants Table Runner 198×45cm **2** Thistle Napkin 50×50cm

Garden Pattern Pillow
50×50cm

Wings Pattern Pillow
50×50cm

Good Luck Pattern Pillow
50×50cm

Feather Pattern Pillow
50×50cm

Champs Pattern Pillow
50×50cm

Coral & Tusk主催のポップアップで、参加
ブランドのピローをいっしょに展示したらと
ても新鮮、インテリアとしても合わせやすい
と感じました。その経験を踏まえてデザイン
したのが、パターン柄のシリーズです。

大学時代に住んでいたニューイングランドに
ある家の様式からインスピレーションを得ま
した。持ち上げて中をのぞくとそれぞれの部
屋が装飾されていて、発見する楽しみがあり
ます。今までデザインしてきたアイテムのな
かでも、お気に入りの一つです。

Tree small
15×11cm

Tree large
21×11cm

House
1/×11×15cm

Quill Fabric

Circus Toile Fabric

Pollackとのコラボレーションアイ
テムです。パリやイギリスのフリー
マーケットでは、サーカスをモチー
フにしたオブジェやデザインをよ
く見かけました。何度となく出会い、
印象に残ったイメージから想像を
膨らませています。

86

Circus Cannon Pocket Pillow
40×40cm

Elephant Pal
10×7.5cm

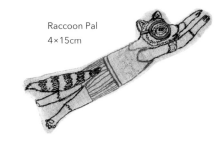

Raccoon Pal
4×15cm

Tiger Pal
6×13cm

Circus Bear Pocket Pillow
40×40cm

Circus Elephant Pocket Pillow
40×40cm

Coral & Tusk のサーカスシリーズ。実際のサーカスとは異なり、動物たちがさまざまなアクティビティーを自ら楽しむ、動物たちのための遊園地のようなイメージでデザインしました。

2015

EXPANDING INTO FABRICS

ファブリックラインを立ち上げる

　植物柄と同様、避けてきたものの一つに、テキスタイルデザイナーとして長く携わってきたファブリックがあります。柄のリピートをはじめ、ファブリックは、考慮すべき約束事が多いのも二の足を踏む理由でした。でも、Pollackでデザインしたフェザーの布地が好評で、成功事例ができると、これならいけると自信がつきました。機が熟したのです。

　そこで、3種類のリネンの生地を一からつくり、ファブリックラインのWayfarer（ウェイフェアー）を立ち上げました。パターンはピローで用いた幾何学模様をアレンジ。インテリアのアクセントとしてではなく、カーテンなどの広い面で楽しめるデザインを意識しました。

　ファブリックを手がけたことで、ベッドカバーやカーテンといったインテリアを充実させる、より大きなアイテムも可能になったのはうれしい収穫でした。使い手によって完成形が異なるファブリックは、デザインの時点ではある程度の自由度が必要。一方、プロダクトデザインは、どんなスペースにどのように置かれるかを具体的にイメージしたうえでデザインする。そんなファブリックデザインとプロダクトデザインの違いも意識しながら、アイテムの充実をはかるようになりました。

ガーデン柄は、2013年のブートニアの
モチーフを元にデザインしました。この
柄は発表以来、Coral & Tusk の定番にな
り、両面が刺繍された "Garden Pattern
Pillow" (2014) は人気アイテムに。

Garden Pattern Fabric

Berber Stripe Indigo

Portico Bright Ivory

ファブリックシリーズのWayfarerは、イン
ディゴ、アイボリー、グレーの3色で展開。
リネン特有の不規則な繊維感、ドレープがで
きるやわらかい質感、しっかりとした仕上が
りにとても満足しています。

1 Berber Fog Pillow 50×50cm
2 Hali Lumbar Fog 40×80cm

Quarter Horse Pillow
50×50cm

Pinto Horse Pillow
50×50cm

Woodland Living Tree Pillow
40×40cm

Raccoon Wagon Pocket Pillow
30×30cm

Bear Apothecary Tent Pocket Pillow
30×40cm

Wolf Gunsmith Cabin Pocket Pillow
30×40cm

Homecoming Lumbar Pillow
40×80cm

2012年に訪れたワイオミングの旅がインスピレーションとなったウッドランドコレクション。ワイオミングで出会った動物たちや西部の風景が題材になっています。

1 Pheasant Feather Left Pillow 66×66cm
2 Pheasant Feather Right Pillow 66×66cm

椅子の張り地は遠くから眺めるとカラフルな
水玉模様のように見えるけれど、近づいてよ
く見ると一つ一つが動物のバッジになってい
た！　そんな発見をする楽しさをうまく表現
した生地の使い方ができました。

3 Champs Pattern Fabric
4 Owl in Tree Pocket Pillow 30×40cm

1 Parakeet Love Pillow 30×40cm　**2** Chick Pocket Pillow 30×40cm
3 Deer Love Pillow 30×30cm　**4** Donkey and Horse Make Mule
Pocket Pillow 30×40cm　**5** Crossed Arrows Pillow 30×40cm

上段のアイテムは、愛をテーマにペアになった仲睦まじい動物を描いたラブシリーズ。下段は、Coral & Tuskで初めてデザインしたイースターコレクション。

Rabbits
Tooth Keepsake Pillow
18×18cm

Lamb
Tooth Keepsake Pillow
18×18cm

Stork
Tooth Keepsake Pillow
18×18cm

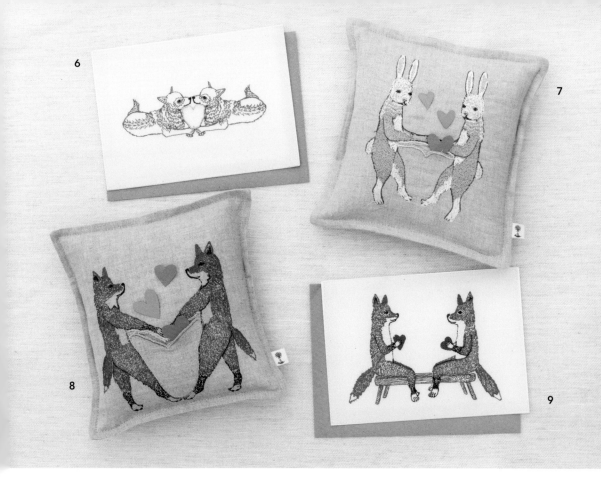

6 Coyote Love Card 12.5×17.5cm 7 Bunny Love Tooth Keepsake
Pillow 18×18cm 8 Fox Love Tooth Keepsake Pillow 18×18cm
9 Smitten Foxes Card 12.5×17.5cm

Embroidered Stationery
12.5×17.5cm

Egg Ornaments
5×8cm

Star Egg

Zigzag Egg

Rabbit Egg

Lady Rabbit

Spring Cat

Cats Pillow
40×40cm

Dogs Pillow
40×40cm

Cat Pouch
13×13cm

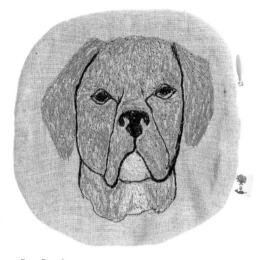

Dog Pouch
12.5×12.5cm

犬と猫のアイテムでは、2015年度の売り上げの一部を寄付する取り組みを行いました。このページの3つのアイテムに描かれている犬は、私とクリスが保護した犬のパコです。いつもいっしょに出勤し、スタッフにもお客さまにもかわいがられていました。

Paco Pal
4×10cm

Skipper Cat
4×11cm

Dogs Tote
35×35×10cm

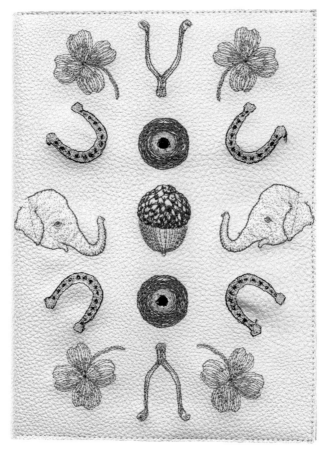

Lucky Notebook
20×15cm

Riding High Passport Holder
15×11cm

Mouse Passport Holder
15×11cm

旅をテーマに描いたノートやパスポートホルダー。イ
ンドのゾウ、トルコのイービルアイ、パリのエッフェ
ル塔など、世界各地のシンボルをモチーフにしました。

2016

THE BIG SUR COLLECTION

久しぶりに海をテーマに

　2015年に立ち上げたファブリックラインの評判は上々。手ごたえを感じた私たちはデザインを増やし、アメリカ最大級の家具見本市ICFFに出展しました。ここはひとつ、ブティックホテルに飾れるような特別感のあるものを！　そう考えて、アップリケの手法で刺繍パネルを制作。小さな生地サンプルと相まって、大きなパネルは存在感を放ち、Coral & Tuskというブランドを違った角度から見せることができました。

　プロダクトデザインでは、久しぶりに海をテーマにしたコレクションをつくりました。舞台となったのはBig Sur（ビッグ・サー）。カリフォルニアの海岸線に山脈が連なる景勝地です。ここにお客さまの別荘があり、幸運にも招待されました。ビッグ・サーは、森と崖と海が一体になった、まるで地球の果てにいるような場所。野生動物は、森と海、両方に生息するものがいます。クジラ、海ガメ、イルカ、コヨーテ……、このコレクションで描いた動物は、滞在中にすべて私が出会ったものです。

　クリスマスコレクションにもたくさんの動物を登場させました。寝ている間に魔法が起きるのがクリスマスの楽しみ。"Tree Trimmer"では、夜に動物たちがツリーを飾り、朝にそれを発見する喜びを表現しています。

3枚の生地をつなぎ合わせた一点ものの刺繍パネルです。表面に
アイボリーの生地を重ねて刺繍を施した状態で、インドから輸送。
ブルックリンのスタッフが刺繍のまわりをはさみで切り抜き、下
地の色のついたリネンを見せるアップリケに仕上げました。

2

1 Coral Forest Table Runner 198×45cm 2 Coral Forest Napkin 50×50cm

1 Whale Love Tea Towel 45×63cm **2** Seahorse Love Tea Towel 45×63cm
3 Narwhal Love Tea Towel 45×63cm **4** Octopus Love Tea Towel 45×63cm

Ocean Floor Pocket Pillow
30×40cm

Sea Cliff Coyote Pocket Pillow
30×40cm

Coral Forest Pillow
50×50cm

Dive Pillow
40×40cm

Ship in a Bottle Pillow
30×30cm

Sea Otter Pocket Pillow
30×30cm

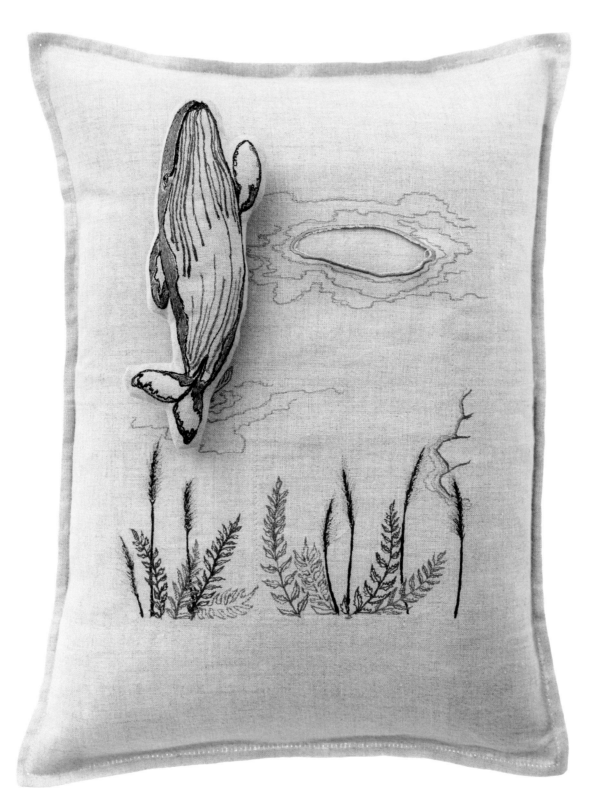

Humpback Whale Pocket Pillow
30×40cm

1 Christmas Tree Trimmers Table Runner 198×45cm
2 Owl Tree Trimmer Dinner Napkin 50×50cm

左は、ホリデーシーズンの楽しい雰囲
気を表そうと、抽象的なツリーに。ブ
ルドッグ（右）は、私が昔飼っていた
愛犬のハリケーンがモデル。小さいの
にとっても強い。そんなギャップを愛
らしく表現しました。

Bright Christmas
Tea Towel
45×63cm

Santa's Elf Bulldog
Embroidered Stationery
12.5×17.5cm

訪日したときにプレーリードッグを
飼っているお客さまに出会いました。
とってもかわいらしい写真を見せても
らったことが素敵な思い出となり、デ
ザインのインスピレーションに。

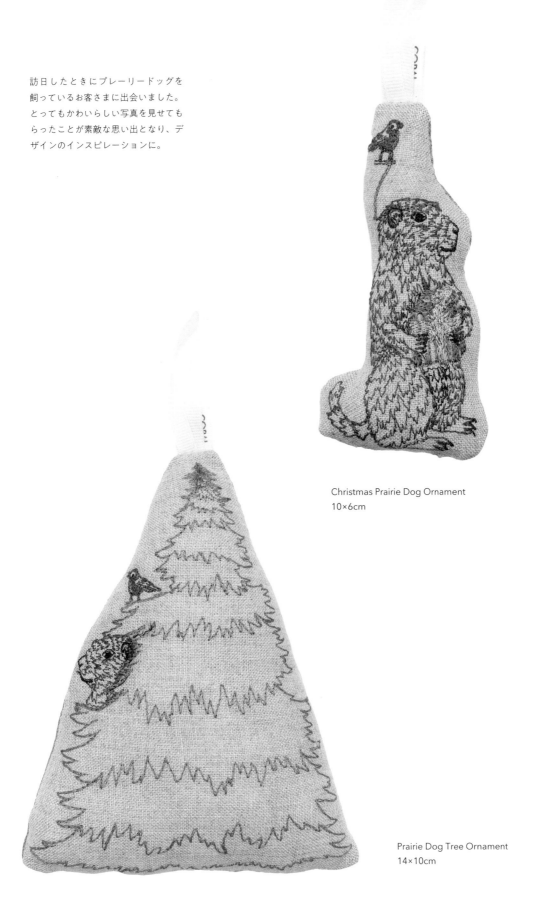

Christmas Prairie Dog Ornament
10×6cm

Prairie Dog Tree Ornament
14×10cm

Christmas Tree Trimmers Pillow
50×50cm

子どもの頃のクリスマスツリーの装飾はこ
んな色合いでした。今となってはヴィン
テージっぽいライトでしょうか。懐かしく
て温かいクリスマスの思い出を込めました。

Christmas Tree Owl Pocket Pillow
30×30cm

Santa's Sleigh Pocket Pillow
30×40cm

2017

FROM DECOR TO APPAREL

リネンを生かしたアパレルライン

　この年、初めて洋服を手がけました。アパレルラインのTailored（テイラード）です。きっかけは、2015年の日本訪問。日本の人たちにとってファッションはとても身近な存在でした。家を飾るもの以外に、身につけられるものもあるの？　洋服になったら素敵なのに……。そんな言葉を何度も耳にしました。fog linen workのユミコ（関根由美子）にも「洋服をつくってみたら？」と背中を押され、試してみることに。

　Tailoredはホームプロダクトと同様に、「身に着ける人々の日常に、ちょっとした温かさと微笑みを与えられるようなもの」がコンセプト。リネンの素材を生かしたシンプルなアパレルラインです。生産に時間がかかるため、受注生産という形をとり、数年間展開しました。

　日本をテーマにしたコレクションもつくりました。"Raccoon's Abode"は、信楽焼のタヌキが主役。初めて見たとき、あの動物はなに？　アメリカのタヌキ（ラクーン）とは全然違う！と興味津々に。このタヌキが縁起物だと知ってさらに喜びました。徳利を持って、おなかも出ているし、いたずらっ子っぽいのに幸運のシンボルだなんて最高！　主役に抜擢されたタヌキの家は、京都の町家がインスピレーションです。

Plumes Skirt

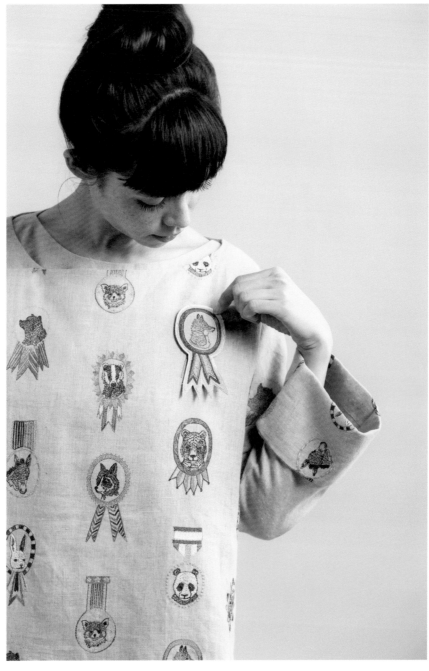

Champs Jacket

Friends Shell Top

リネンに刺繍を施したアパレルラインの
Tailored。一番人気のアイテムは、フェ
ザーモチーフのスカートと "Friends" と
いう柄のトップスでした。

Garden Skirt

1 Spring Blossoms Table Runner 198×45cm **2** Spring Blossoms Napkin 50×50cm

春夏秋冬をテーマにした刺繍カード。
春はピクニック、夏は花火、秋はハロ
ウィーン、冬はスキーがテーマです。

Embroidered Stationery
12.5×17.5cm

Spring Celebration

Summer Celebration

Fall Celebration

Winter Celebration

"Spring Blossoms" は、私が住んでい
た東海岸の春の訪れを思い出してデザ
インしました。花はいっせいに咲き始
め、生命の息吹にあふれます。

Spring Blossoms Pillow
50×50cm

Fancy Cat Pillow
30×40cm

A Wish to Protect Pocket Pillow
30×40cm

Raccoon's Abode Pocket Pillow
30×40cm

日本がテーマのコレクション。インスピレーションは、京都の伏見稲荷大社、昔話の鶴の恩返しや猿蟹合戦など。東京の豪徳寺ではたくさんの招き猫に大感激！ 招き猫を真似る猫といっしょにデザインしました。

Friendship Tree Pillow
30×40cm

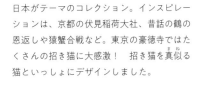

Lucky Cats Pouch
31×19×2.5cm

Persimmon Tree Pouch
31×19×2.5cm

Feather Weaving Crane Pillow
30×40cm

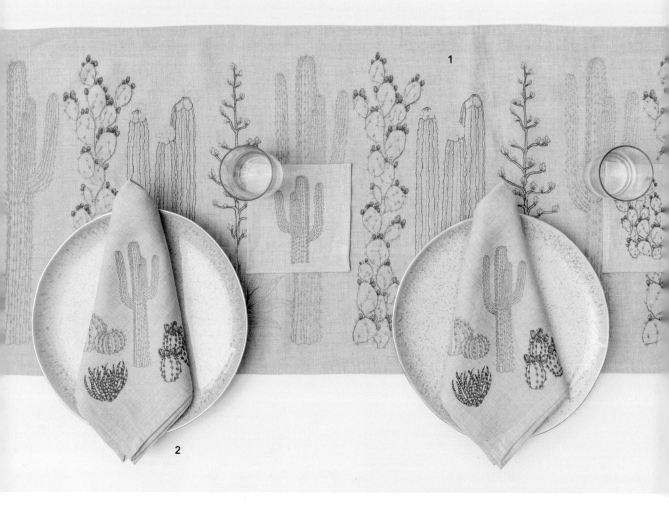

1 Cacti Table Runner 193×45cm **2** Cacti Dinner Napkin 50×50cm

2016年にワイオミングに移住した私は、初
めて極寒の冬を体験。気持ちだけでも暖かく
なりたいと、暑い砂漠をテーマにしたコレク
ションをつくりました。インスピレーション
はアリゾナ州のサワロ国立公園。

Saguaro Bobcat Pocket Pillow
30×40cm

3 Saguaro Armadillo Pocket Pillow 30×30cm
4 Cacti Lumbar Pillow 40×80cm **5** Stitch Stripe
Fuchsia Pillow 30×40cm

Saguaro Desert Friends Pillow
50×50cm

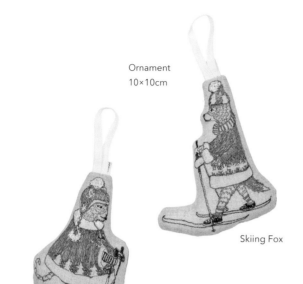

Ornament
10×10cm

Skiing Fox

Skiing Cat

ワイオミングに移住して、初めてクロスカントリースキーに挑戦。クリスと近所の友人と行きました。クリスマスコレクションはそのときの体験を題材に。白樺に似た木はこの地域に見られるアスペンツリーです。

Cross Country Skiers Pillow
50×50cm

Snowshoe Hare Tea Towel
45×63cm

1 Cross Country Skiers Table Runner 198×45cm
2 Cross Country Skiing Fox Tea Towel 45×63cm
3 Cross Country Skiing Ram Tea Towel 45×63cm

Toboggan Animals Set of 4 Cocktail Napkins
14×14cm

Toboggan Pocket Pillow
30×40cm

2018

THE JUNGLE COLLECTION

架空のジャングルに住む動物たち

　初めてジャングルのコレクションをつくりました。前年に出展したイベントのスケッチがきっかけです。インテリアにとり入れやすい動物柄を意識したので、大人っぽいデザインが好きなお客さまにも好評でした。

　着想となったのは、コスタリカのオサ半島で訪れたジャングル。登場する動物たちは、私が想像する架空のジャングルに生息しています。

　"Toucan Tugboat Pocket Pillow" は、大きなくちばしをもったオオハシが住人。飛べるという特技がありながら、魚に生まれて泳げるようになりたかった彼は、船員のような服を着て、ボート仕様の家に住んでいます。

　"Sloth Tree House Pocket Pillow" の主人公はナマケモノ。たまにしか表に出てこない彼に素敵なツリーハウスをデザイン。ヒントになったのは、子どもの頃大好きだった『Sloth's Birthday Party』という絵本です。

　1日だいたい2時間、立ったまま眠るというゾウを描いたのは、"Jungle Elephant Pocket Pillow"。貴重な睡眠時間を快適に過ごしてもらおうと、大好きな葉っぱを集めて立派な家をこしらえました。

　このジャングルコレクションにはゾウがたくさん登場。象牙のために乱獲されているゾウを絶滅危機から守りたいという思いを込めています。

子どもの頃から大好きだったクリスマスソング
「The Twelve Days of Christmas（クリスマスの
12日）」に登場する4種類の鳥をデザイン。右下
のピローの鳥は羽根の美しさで選びました。

1 Pheasant and Quail Table Runner 193×61cm
2 Quail Dinner Napkin 50×50cm
3 Blackberry Vine Tea Towel 45×63cm
4 Fowl Feather Dinner Napkin 50×50cm

Partridge in a Pear Tree Pillow
40×40cm

Pheasant and Quail Lumbar Pillow
40×80cm

1 Safari Table Runner 198×45cm **2** Tigers with Pineapple Palm Tree Tea Towel 45×63cm

Safari Pillow
50×50cm

Leopard Pattern Pillow
40×40cm

Elephant Grove Pocket Pillow
30×30cm

Jungle Lumbar Pillow
40×80cm

Toucan Tugboat Pocket Pillow
30×40cm

Sloth Tree House Pocket Pillow
30×40cm

Monkey Business Vermilion
30×40cm

アメリカでは猿はほとんど見かけませんが、インドでは日常生活のなかでたくさん出会いました。とっても賢くて、おもしろくて、やさしい。そんな印象をもっています。

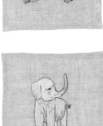

Jaguar with Palm
Left Tea Towel
45×63cm

Monkey See Tea Towel
45×63cm

Safari Set of 4 Cocktail Napkins
14×14cm

Chimney Santa Pocket Pillow
50×50cm

Cozy Foxes Tooth Fairy Pillow
18×18cm

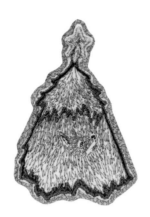

Santa Bear Pin
5×10cm

Tree Pin
8×10cm

Rudolph Ornament
10×7.5cm

Polar Bear Santa
Ornament
7.5×16cm

子どもの頃、クリスマスの前日には、サンタへのメッセージ、ミルクとクッキーを用意していました。"Chimney Santa Pillow" は懐かしいクリスマスの光景を描いたデザイン。煙突と暖炉の両方があいていて、シロクマサンタは煙突から入って、暖炉に登場します。

Gingerbread House Pocket Pillow
30×30cm

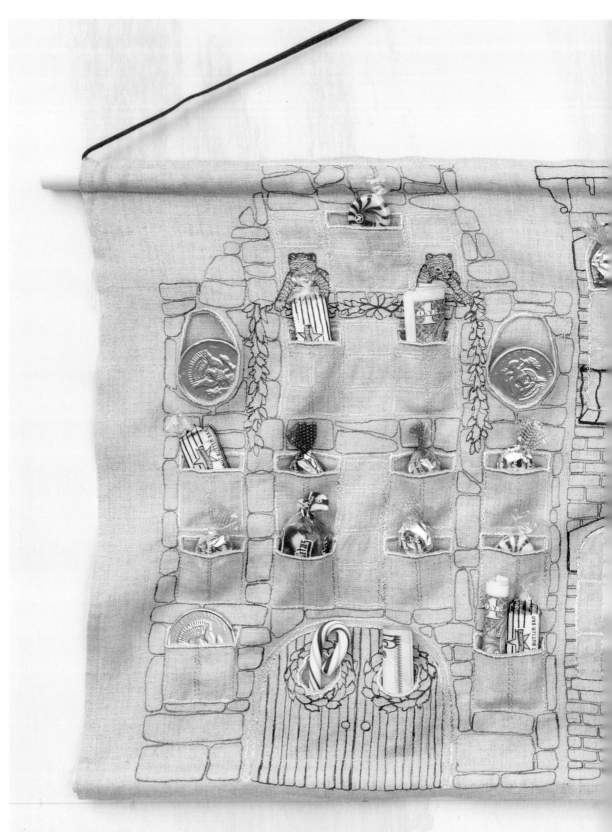

Home for the Holidays Advent Calendar
35×61cm

幼い頃に親しんだアドベントカレンダー
は、はじめからポケットにキャンディや
チョコレートが入っていました。毎日、
開けるのが楽しみでしょうがなかったこ
とを覚えています。そのときのワクワク
感をそのままに、Coral & Tuskらしくつ
くったのがこのカレンダー。毎年使えて、
インテリアにもなる。中に入れるものを
自由に決められる仕様になっています。

1 Home for the Holidays Table Runner 193×45cm **2** Peek-a-tree Tea Towel 45×63cm **3** Polar Bear Santa Tea Towel 45×63cm
4 Rudolph Tea Towel 45×63cm **5** Home for the Holidays Dinner Napkin 50×50cm

ホリデーシーズンになると街で見かける
ミニチュアのクリスマスヴィレッジをイ
メージしたもの。楽しい雰囲気が好きで、
クリスマスヴィレッジに動物が住んでい
たら……と想像してデザインしました。

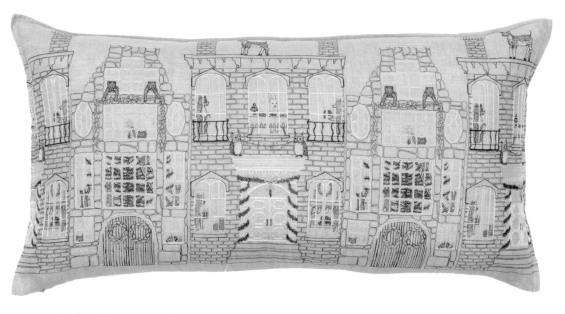

Home for the Holidays Lumbar Pillow
40×80cm

Stone Townhouse Pillow
30×40cm

Brick Townhouse Pillow
50×50cm

2019

WYOMING AND THE CAMPING COLLECTION

自然に近づき、体感する

　大好きなことの一つにキャンプがあります。2016年にワイオミングに移住し、自然との距離が近くなると、いっそう身近な存在となり、今となっては私の一部のように感じます。自然に近づき、つながりをもつ。そんな体験を意識してデザインしたのが、キャンプのコレクションです。

　月の満ち欠けや星座を観察する、野生の動植物を眺める、朝のコーヒーを楽しみ、きれいな空気を吸う、キャンプファイヤーの薪を組む……。キャンプをすることで、ストレスをためがちな日常から解放され、心が穏やかになります。シンプルなことに喜びを感じられるようになるのも醍醐味。2016年にブルックリンチームのスタッフをワイオミングに迎えた際には、いっしょに天体観測を楽しみました。"Stargazers Pocket Pillow" は、そのときの経験を元にデザインしたものです。

　ブルックリンチームのスタッフは、2019年にもワイオミングにやってきました。今度は新作コレクションの撮影のためです。撮影場所は近所の友人の家。それまで本格的なライフスタイルの撮影は行ってこなかったのですが、この撮影がとてもうまくいったのを機に、製品だけでなく、ライフスタイルの撮影にもしっかり取り組むようになりました。

ワイオミングの大自然のなかで撮影するために、友人からキャンピングトレーラーのエアストリームを借りました。この場所は、グランドティトン国立公園を背景に撮影できるスネークリバー牧場。最高の景色で撮影ができて大満足でした。

ワイオミングの景色に映えるオレンジをアク
セントにコーディネートしました。コット
と2脚のスツールはCoral & Tuskのファブ
リック。こちらもスネークリバー牧場で、銀
色に輝くトレーラーがエアストリームです。

川沿いでボートにピローをのせて撮影する。
そんなアイディアを実現したくて、エアスト
リームを借りた友人に、ボートをつくってい
る人を紹介してもらいました。お手製のボー
トの上に形や柄違いのピローを並べて撮影。

CORAL & TUSK CHRONICLE 2019

Fruits Garland Pillow
50×50cm

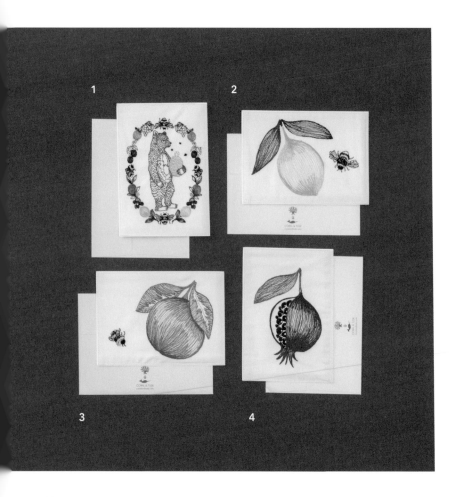

動物と同じくらいフルーツが大好き。この年初
めてフルーツをテーマにしたコレクションをつ
くりました。フルーツの丸みのある形にほっと
するときがあります。できるだけ実物大に近い
大きさを意識してデザインしました。

Embroidered Stationery 12.5×17.5cm
1 Honey Bear **2** Lemon Bee
3 Orange Bee **4** Pomegranate

5 Fruits Garland Table Runner 193×45cm **6** Pomegranate Dinner Napkin 50×50cm **7** Peach & Butterfly Tea Towel 45×63cm **8** Orange & Bees Tea Towel 45×63cm **9** Lemon Dinner Napkin 50×50cm

Fancy Flight Pillow
30×40cm

Cherries & Butterfly
Tea Towel
45×63cm

Grapes & Butterfly
Tea Towel
45×63cm

Bear Appliqué Pillow
30×30cm

Fox Appliqué Pillow
30×30cm

Feathers Appliqué Pillow
35×66cm

Compass Navy Appliqué Pillow
35 ×66cm

Owl Appliqué Pillow
40×40cm

Deer Appliqué Pillow
40×40cm

Butterfly Appliqué Pillow
35×66cm

アップリケという手法を生かした刺繍に挑戦
してみたい、ナチュラルカラー以外の背景色
でピローをつくってみたい。そんな思いで誕
生したシリーズです。明るい色や濃い色のリ
ネンでも刺繍が自由に表現できるので、イン
テリアのアクセントカラーにもなります。

近所に住むワイオミングの友人宅で撮影しました。フェザーの新柄は、コンサルタントのジェニーのアドバイス「ステファニーのワイオミングへの思いをデザインで表現する」ことが原点となったデザインです。羽根はすべてワイオミングに生息する鳥のもの。羽根の配色と模様は、それまでの羽根の柄と少し変えることを意識しました。

1 Feather Harmony Natural Pillow 50×50cm **2** Feather Sphere Pillow 30×30cm **3** Sheridan Stripe Pillow 50×50cm **4** Feather Harmony Table Runner 193×45cm **5** Kestrel Feather Dinner Napkin 50×50cm **6** Red Tail Hawk Feather Dinner Napkin 50×50cm **7** Golden Flicker Feather Dinner Napkin 50×50cm **8** Kinship Birds Dinner Napkin 50×50cm

右のポケットピローは、森で見つけたアスペンの木を家にした3匹のウサギの物語。家には、心地よさそうな椅子やベッドが置かれています。左のピローは2017年春のコレクションです。

1 Great Grey Owl Pillow 30×40cm
2 Aspen Log Bunnies Pocket Pillow 30×40cm

Hikers Pillow
35×66cm

Camper Fox Pocket Pillow
50×50cm

Moon Mountain Pillow
50×50cm

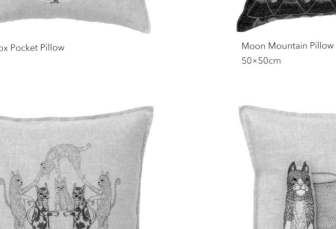

Acro Cat Pillow
30×30cm

Basket Cats Pocket Pillow
30×30cm

Embroidered Stationery
12.5×17.5cm

Bear Family Fishing

Fox and Bear Family Hike

ブルックリンのスタッフがワイオミングに来たとき、みんなで天体観測をしました。空のショーをゆっくり楽しんでもらおうとデッキチェアに座ってもらい、寒くないようにブランケットも渡して。流れ星が圧巻でした。このピローはそのときの経験を元にデザインしたものです。

Stargazers Pocket Pillow
35×66cm

Fox and Bear Family Safari

Old Faithful

2020

ADDING MORE TO THE SEA

海のテーマがさらに広がる

　2016年に発売したビッグ・サーがとても好評だったので、それに続くシリーズとして、海やビーチを題材にしたコースタルコレクションをつくりました。その一つに、Coral & Tusk のブランド名にもなっている珊瑚のデザインがあります。珊瑚は彩り豊かで、貝殻のような質感も魅力的。静かに呼吸する様子は、まるで海の中に生息する美しい植物のよう。海シリーズとしてデザインした珊瑚のコレクションは、2014年から始めた植物柄、"Plants" の海バージョンにもなりました。

　2020年といえば、コロナ禍に突入した年。ニューヨークはパンデミックに見舞われ、ブルックリンチームのスタッフも在宅勤務になりました。外出できない日々が続くなか、少しでも明るい気持ちになってもらおうと企画したのが「5つの好きなこと」というブログ。毎月、家で楽しめるおすすめをスタッフが紹介するもので、今も続いています。

　先が見えない不安のなか、明るい出来事もありました。『きょうの猫村さん』の作者、ほしよりこさんとのコラボレーションが実現したのです。第1弾は、ポケットピローやドール、アクセサリーなどを制作。反響は大きく、第2弾、第3弾と続く人気シリーズに成長していきました。

子どもの頃からミニチュアのものが大好き。当時の小さなボートのおもちゃを思い出させるような、カラフルで遊び心があるデザインを考えました。ヴィンテージのおもちゃも好きで、フランスのマーケットで見つけた古い木製ミニチュアボートもインスピレーションの一つです。

Boats Pattern Pillow 50×50cm

1 Large Coral Table Runner 193×45cm **2** Coral Dinner Napkin 50×50cm

大学のネイチャーラボにある珊瑚の標本が大好きでよく観察していました。このコレクションでデザインした珊瑚は、実際に見たものではないのですが、一つ一つの魅力を表現したくて入念にリサーチしました。

Coral Reef Pillow
40×40cm

Beach Walk Pillow
30×40cm

Coral Studies Pillow
35×66cm

Large Coral Pillow
50×50cm

Lighthouse Friends Pocket Pillow
30×40cm

Swim Team Pillow
50×50cm

1 Swim Team Table Runner 193×45cm **2** Swim Team Dinner Napkin 50×50cm

ビッグ・サーに続く海のコレクション。ビッグ・サーは西海岸のカリフォルニアですが、こちらは東海岸のイメージ。私のなかでは西海岸はモダン、東海岸はトラディショナルな感じなのです。色使いも東海岸のニューイングランドを意識して選びました。

Dinghy Pocket Pillow
30×40cm

Sea Friends Pillow
40×40cm

Fall Garden Pillow
50×50cm

Downhill Skiers Pillow
50×50cm

1 Abundance Table Runner 193×61cm **2** Three Sisters Dinner Napkin 50×50cm

Snow Day Pocket Pillow
35×66cm

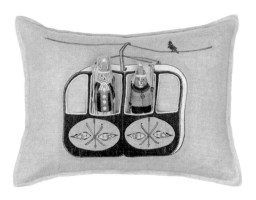

Gondola Ski Lift Pocket Pillow
30×40cm

Ski Buddies Embroidered
Stationery
12.5×17.5cm

Christmas Cheer Lumbar Pillow
40×80cm

2021

FUN-FILLED HALLOWEEN COLLECTION

ハロウィーンコレクションが始まる

春夏コレクションの題材となったのは、ワイオミングで過ごした2020年の春です。コロナ禍でほかの場所に行けない状況だからこそ、それまで以上にワイオミングの美しい自然に心を打たれました。

この年から始まったのが、ハロウィーンコレクションです。幼い頃のわが家にはホリデー用のデコレーションボックスがあって、時期が近づくと母が大事そうにとり出していました。ハロウィーンアイテムをつくるなら、そんなふうにずっと愛され、毎年飾りたくなるものにしなくては。

こうしてでき上がったのが、動物たちが仮装するCoral & Tuskらしいデザインです。思い出深いのは、サボテンに扮したクマとその脇から顔を出すボブキャット。スタッフのアリシアが、「ボブキャットは天敵から逃げるためサボテンに座っている」と、写真を見せてくれたときは、かわいくて不思議な光景に感動！ さっそくデザインにつけ加えました。

秋には、家具と照明デザインの会社、Roll & Hill（ロール＆ヒル）とのコラボレーションで、アートピースを制作。かつてないほどの大きなスケールで、刺繍をより立体的に表現しました。Coral & Tuskとしてではなく、ステファニー・ハウズリーとしての新たな試みです。

1 Songbirds Tree Pillow 50×50cm **2** Bluebird Nest Pocket Pillow 30×40cm **3** Songbirds Tree Table Runner 193×45cm **4** Songbirds Tree Dinner Napkin 50×50cm **5** Chickadee Tea Towel 45×63cm **6** Eastern Bluebird Tea Towel 45×63cm

2020年のパンデミック突入後、ワイオミングで迎えた2021年の春は、鳥たちの存在に喜びを感じました。デザインに登場する鳥たちは、すべてワイオミングで見かけた鳥です。

Good Luck Bunnies

Tea Towel
45×63cm

Garland Bunny

Easter Bunny Pocket Pillow
30×40cm

Bunnies and Blooms Pillow
50×50cm

イースターは一番好きなホリデー。
生命の誕生、新芽、新緑、明るさ。
これから楽しい季節が始まるという
雰囲気を感じます。コレクションで
は子どもの頃に経験した楽しいイー
スターを表現したいと思いました。

1 Bunnies and Blooms Table Runner 193×45cm **2** Bunnies and Blooms Dinner Napkin 50×50cm

Spring Babies Pillow
30×40cm

1 Blooms Table Runner 193×45cm
2 Blooms Dinner Napkin 50×50cm

Blooms Pillow
35×66cm

Hummingbird Vine Pillow
40×40cm

Blooms Linen Bucket
16×23cm

ブルームコレクションは「春」を表現した
かったので、地域を問わず、春に咲く花
を選びました。"Butterflies and Blooms
Pillow"では、渡り鳥のような蝶、オオカ
バマダラとマルハナバチも描き、花粉を運
んでくれる動物に敬意を表しています。

Butterflies and Blooms Pillow
30×40cm

1 Haunted House Pocket Pillow 30×40cm **2** Jack-o'-lantern Pocket Pillow 30×30cm **3** Halloween Garland 336.5×30.5cm **4** Trick or Treat Large Bucket 35×35cm

この年から展開した本格的なハロウィーンコレクション。ジャック・オー・ランタンやお化け屋敷がポケットピローに。魔術師に扮した子猫、吸血コウモリに変装した犬など、動物たちが思い思いの仮装をしてハロウィーンを演じます。

5

6

Tea Towel 45×63cm
5 Halloween Bear and Bunny
6 Halloween Cat and Dog

Trick or Treat Pillow
35×66cm

Forest Fun Pillow
50×50cm

1 Fall Foliage Table Runner 193×45cm **2** Fall Gathering Dinner Napkin 50×50cm

Orchard Pocket Pillow
35×66cm

Rocking Christmas Tree Pocket Pillow
50×50cm

華やかなクリスマスツリーのまわりを、
動物たちが輪になってぐるぐる。ときど
きゴールデンレトリバーとフクロウがツ
リーから顔を出して繋がせます

Mother Hen Pocket Pillow
40×40cm

Hayride Pocket Pillow
30×40cm

2022

A GARDEN OF DREAMS

春に想いを寄せたパラダイスガーデン

　ワイオミングに移住して6年目。雪深い冬には、暖かい地域に想いを馳せることが多くなります。パラダイスガーデンは、そんな極寒の日々のなか、東海岸の春に想いを巡らせてつくったコレクションです。

　ブーケのように人の手でまとめた花ではなく、野に咲く花をそのままに、花畑にいるような気分になれるデザインに。花を鑑賞するよりも、体験するような感覚です。繊細な蔓や茎の間を縫うように、ダリアやジギタリス、コスモスなど、思いつくかぎりの美しい花をちりばめました。

　2022年は、犬猫のコレクションを充実させました。ずっと犬といっしょに暮らしてきたので、どちらかというと犬のほうが描き慣れています。そのため、猫を描くときは、犬よりも慎重になっているかもしれません。"Playful Cats Pillow" は、毛糸で遊ぶ猫たちを1本の毛糸でつなげるというアイディアがひらめき、とても楽しく取り組みました。

　この15年間を振り返り、Coral & Tusk に興味をもち、その世界観をともに楽しんでくれるかたたちがいることは、本当に幸せなことだとあらためて感じました。これからも、日々の生活が、少しでも楽しくなるような、そんなデザインをつくり続けていきたいと思います。

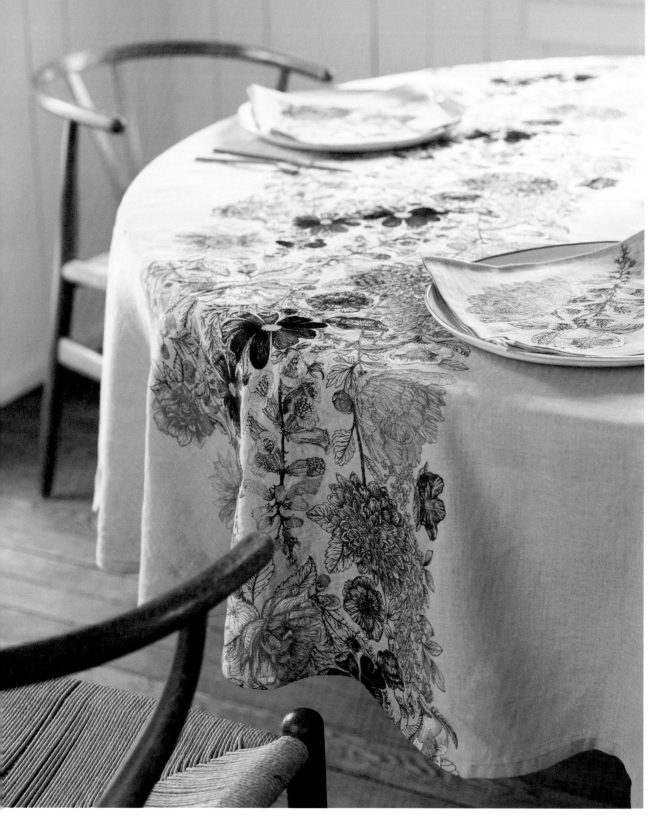

Paradise Garden Round Table Cloth 178cm

蔓や茎の間を縫うように、満開の花が咲き誇る様子を表現しました。ダリア、バラ、ジギタリス、コスモス、ポピー、シャクヤク、ヘレボルスなど、どの花にも繊細な刺繍を施しています。

Flower Friends Pocket Pillow
30×40cm

Fox Heart Pocket Valentine
16×15×5cm

1 Paradise Garden Table Runner 193×45cm
2 Coral Bouquet Dinner Napkin 50×50cm

1 Playful Cats Pillow 50×50cm **2** Basket of Kittens Pocket Pillow 40×40cm

"Cute Kittens Pillow" は3匹の赤ちゃん猫をデザインしました。三毛猫、ハチワレ、チャトラ。みんなそれぞれ色違いの首輪と金色の鈴をつけています。"Dogs and Toys Pillow" はさまざまな犬種が勢ぞろい。ブルドッグ、ゴールデンレトリバー、柴犬、ウェルシュコーギーなど。よく見るとチーズのおもちゃから小さなネズミが頭を出しています。

Cute Kittens Pillow
30×40cm

Dogs and Toys Pillow
50×50cm

Puppy Love Pocket Pillow
30×30cm

Swimmers Pocket Pillow
35×66cm

Easter Basket Pocket Pillow
30×40cm

Day at the Beach Pocket Pillow
30×40cm

1 Easter Garland 336×28cm
2 Easter Eggs Bucket 30×30cm
3 Easter Parade Basket 18×18cm

子どもの頃、イースターがいつも楽しみでした。エッグハンティングも大好きなイベントなので、卵を入れるバスケットは欠かせません。とびきりかわいいバスケットがほしくて誕生したのが、フェルトでつくった"Easter Parade Basket"です。ビーチコレクションは、コースタルコレクションの新作です。既存のデザインといっしょに組み合わせてもしっくりくるような色みを選んでデザインしました。

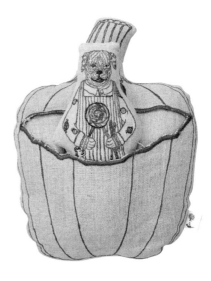

Winter Foxes Pocket Pillow
30×30cm

Pocket Pumpkin
14×18cm

Mushroom Forest Pocket Pillow
35×66cm

ハロウィーンに欠かせないのがトリック・オア・トリート（お菓子をくれなきゃ、いたずらするよ）。そのイベントを楽しんでいる動物たちを描いた "Full Moon Masquerade Pillow" は、一番のお気に入りです。キノコを描こうと思い立ったのは、ある日のジョギング中。ふっと頭に浮かんだアイディアを帰ってきてからまとめ、仕上げました。

Bobbing for Apples Pocket Pillow
30×30cm

Full Moon Masquerade Pillow
30×40cm

Ice Skaters Pillow
35×66cm

Winter Birds Pillow
50×50cm

Merry Christmas Tree Skirt 168cm

この年のクリスマスコレクションの新作アイテムは、ティッシュボックスカバー。こんなアイテムがあったら楽しいだろうと想像し、思ったとおりに形にできたので、とてもうれしいです。

Home for the Holidays Tissue Box Cover
11.5×28cm

Stockings Pocket Pillow
30×40cm

FOX THROUGHOUT THE YEARS

キツネの変遷

16歳のとき、ワイオミングのイエローストーン国立公園で見たキツネが
とても印象深く、興味をもちました。Coral & Tusk にキツネが登場す
るのは2009〜2011年あたりからです。犬がより野生的になったような
雰囲気や美しい毛並みが好きで、ずっと描き続けてきました。表情や姿
は、そのときどきのパーソナリティーで少しずつ変わっています。

2011

2011

2011

2013

2009年のデザイン。どのキツネともタッチが違っています。

2012

2017

2017

2017

2019

2020

2013

2015

2021

POCKET DOLL

ポケットドール

ポケットドールが誕生したのは2011年。クリスの助言で、ドールの性格を説明するカードをつけて始まりました。2022年までにつくったドールは全部で17種類。近年では、ミニピローのようにポケットに綿入りの人形が入っていたり、逆さまにすると違う顔が現れたり、通常のポケットドールとは違う発想でつくった仲間も増えました。

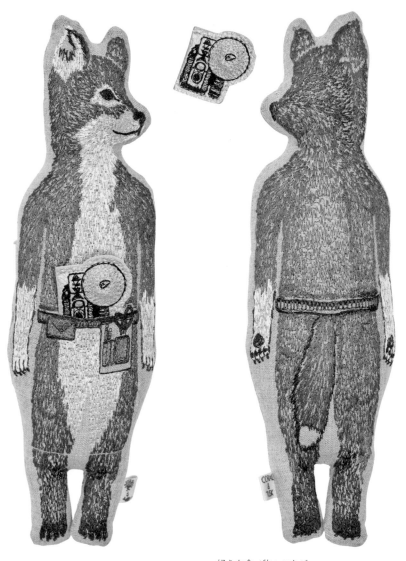

Fox

キツネ

SS2011 −

大好きなおやつを探しに、自転車に乗っていちご畑に行かないときは、海岸でビーチコーミングをしたり、写真を撮ったり。流木でつくった隠れ家に戻ると、その日のできごとを題材にして切り絵をつくったり、新しいいたずらを考えたりしています。

好きな食べ物：いちご
趣味：切り絵、海岸での宝探し
住み家：流木でつくった隠れ家
好きな活動：サイクリング
好きな場所：灯台
友人に言われること：ずる賢い
最近もらった賞：ベスト・ジョーク賞

Bear

クマ

SS2011 −

朝は石を収集したり、パチンコの練習をしたり。午後は苔むした洞窟に戻って、大好物のグリルドチーズをムシャムシャ。日が沈むと、オークの木のてっぺんに登り、すべてのメリットバッジ（ボーイ・スカウトの技能章）を獲得することを夢見ています。

好きな食べ物：グリルドチーズサンド
趣味：石の収集
住み家：苔の洞窟
好きな活動：的当て、木彫り
好きな場所：オークのてっぺん
友人に言われること：縁起を担ぐのが好き
最近もらった賞：ベスト・スカウト賞

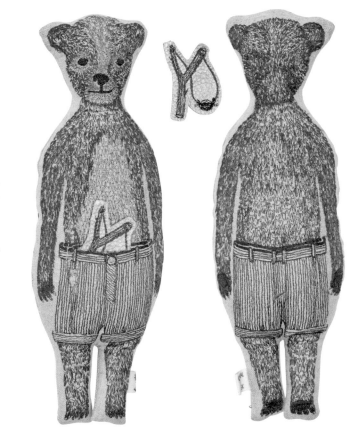

Owl

フクロウ

SS2011 −

バードウォッチャーの彼は、外出時には愛用の双眼鏡を忘れません。家にいるときは大好物のカンノーリ（イタリアのパイ菓子）に夢中。地図作成の専用ルームをもっていて、宝探しや野鳥観察の冒険を企てます。厳選された品々を並べた家のコーナーに追加しようと、ずっと集めているのです。

好きな食べ物：カンノーリ
趣味：地図づくり、宝探し
住み家：ドングリの木
好きな活動：バードウォッチング
好きな場所：小川のほとり
友人に言われること：直感力がある
最近もらった賞：コレクター・オブ・ザ・イヤー

Rabbit

ウサギ

SS2011 – SS2018

おしゃれが大好き。お気に入りのネクタイは、オレンジ色のストライプです。週末は大好きなお菓子づくりや時計づくりをして過ごします。バケーションは列車の窓からの景色を楽しみながら、観光するのが大のお気に入り。

好きな食べ物：マカロン
趣味：時計づくり、お菓子づくり
住み家：チコリの草原
好きな活動：観光
好きな場所：列車
友人に言われること：好奇心旺盛
最近もらった賞：ベスト・ドレッサー賞

Kitty

キティ

SS2012 –

昼寝するより、おしゃべりや社交的なことが大好き。生まれ故郷のマンハッタンの二番街をうろついているときも、ジェット機でロンドンに向かうときも、サスペンダーがトレードマークです。小さなネズミ捕りも肌身離さず。いつトラブルが起きてもいいように！

好きな食べ物：アスパラガス
趣味：手紙を書くこと
住み家：二番街
好きな活動：社交
好きな場所：ロンドン
友人に言われること：想像力豊か
最近もらった賞：猫らしい猫で賞

Tiger

トラ

SS2012 – FW2014

冷静沈着、強くてやさしい気質のトラです。しょっちゅう、まわりの友人を分析しています。水上のハウスボートに住んでいて、もちろん泳ぎも得意。シュンドルボン（バングラデシュ南西部のマングローブ群生地帯）に住むトラのことを聞いたら、なんでも教えてくれます。

好きな食べ物：カシューナッツ
趣味：柔術
住み家：ハウスボート
好きな活動：水泳
好きな場所：シュンドルボン
友人に言われること：分析的
最近もらった賞：人を食べるトラを研究する心理学の主任

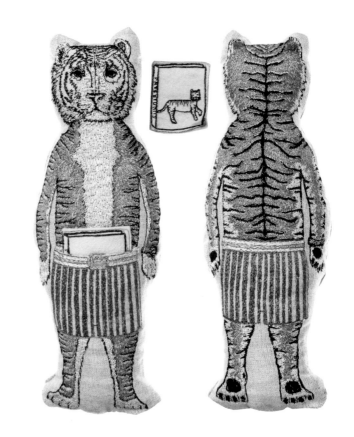

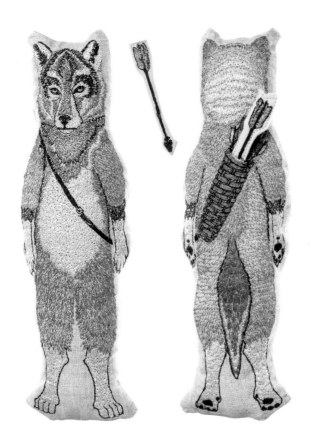

Wolf

オオカミ

SS2012 – SS2018

イエローストーン国立公園のラマー川近くの谷に住んでいます。よく気性が荒いっていわれるけれど、かごを編んでいるときは、とっても穏やか。一番心が落ち着く時間です。矢を入れたお手製のカゴバッグがお気に入り。

好きな食べ物：ハックルベリー
趣味：かご編み
住み家：ラマー谷
好きな活動：岩の彫刻
好きな場所：ドルイドピーク
友人に言われること：気性が荒い
最近もらった賞：矢作り名人

Raccoon

ラクーン

SS2012 – FW2018

苔におおわれた高床式の家に住んでいます。手先が器用で、木を上手に切るのはお手のもの。どんな木も好きだけれど、一番心が落ち着く場所はブナの木の下。お気に入りのデニムとコーディネートした斧をポケットに入れて。

好きな食べ物：ピーナッツ
趣味：砦づくり
住み家：苔におおわれた高床式の家
好きな活動：宝探し
好きな場所：ブナの木の下
友人に言われること：臨機応変
最近もらった賞：素早く木を切る賞

Baby Cat

ベビーキャット

SS2012 –

トウシューズを履いて、手には魔法の杖を。ピルエット（バレエのステップ）やバトンの練習のほか、有名人の観察や、マシュマロを仲間と分け合うのが大好き。魔法の杖をひと振りし、道行く人にきらめきと輝きを振りまきます。

好きな食べ物：マシュマロ
趣味：ダンスと釣り
住み家：キラキラした路地
好きな活動：有名人観察と魔法
好きな場所：お菓子屋さん
友人に言われること：不器用
最近もらった賞：ベスト・バトンガール賞

Paco

パコ

SS2012 – FW2018

体は大きいのに、愛らしくてかわいい犬。出会う人や動物には必ずあいさつするマスコット的存在です。たまに草と土を食べちゃうから、たくさん食べすぎないように注意されることもしばしば。こう見えてトランプが得意です。

好きな食べ物：たまご
趣味：トランプ
住み家：ロッジ
好きな活動：草と土を食べる、あいさつ
好きな場所：原野
友人に言われること：愛らしい
最近もらった賞：マスコット賞

Goban

ゴバン

SS2012 – FW2019

気づいたらいつも整理整頓と掃除をして
いる、きれい好きな猫。よく似合うと評
判の白いくつ下は、清潔感があって、一
番のお気に入りです。運動神経が抜群で、
得意なスポーツはサッカー。親切なので
みんなから好かれています。

好きな食べ物：お魚のタラ
趣味：整理整頓と掃除
住み家：木の家
好きな活動：サッカー
好きな場所：お店とオフィス
友人に言われること：親切
最近もらった賞：白いくつ下が似合うで
賞

Panda

パンダ

SS2012 – FW2019

一番好きな季節は夏！ 泳ぐことが大好
きです。楽しいこと好きで、いつも明る
い性格のパンダ。大好きなニューヨーク
のコニーアイランドに行ったら、ビーチ
でバレーボールをして、遊園地で遊んで
帰るのが定番コースです。

好きな食べ物：パンケーキ
趣味：カラオケ
住み家：バンブーボートハウス
好きな活動：ローラースケート
好きな場所：コニーアイランド
友人に言われること：楽しいこと好き
最近もらった賞：ベスト・シンクロナイ
ズド・スイミング賞

Salty Dog

ソルティ・ドッグ

SS2012 –

砂丘の草むらに住んでいて、カニ釣りや
船乗りを楽しみます。結び目のチャンピ
オンで、夜遅くまで焚き火のそばで、巻
き結びやひと結び、ひっかけ結び、もや
い結びに夢中。宝の地図入りボトルを抱
えたカニを持っています。

好きな食べ物：フライドピクルス
趣味：カニ釣り、結び目づくり
住み家：海辺の小屋
好きな活動：宝探し
好きな場所：海辺の焚き火のそば
友人に言われること：けんか早い
最近もらった賞：6度目の結び目チャン
ピオン

Beluga Whale

ベルーガ・ウェイル

SS2020 −

船乗りの魂をもつベルーガ・ウェイルは、浮き輪をつけた鳥といっしょに、頑丈な双胴船で暮らしています。航海をしながら近くの友人や遠くの友人を訪ねます。デッキの上では、海岸や水中の仲間を招いて最高のパーティーを開催。船の上は安全第一！

好きな食べ物：ポップオーバー
趣味：歌を歌うこと、セーターを編むこと
住み家：船長室
好きな活動：後ろ向きに泳ぐこと
好きな場所：オペラハウス
友人に言われること：陽気
最近もらった賞：もっとも親切で賞

Bunny in Basket

バニー・イン・バスケット

SS2020 −

バスケットを持ったバニーです。ニンジンのボタンがついたストライプのシャツ、四つ葉のクローバー柄のパンツ、首には大きな青いリボンを巻いています。かごのなかには、春の贈り物を持ったかわいい子ウサギがいます。

Fox Tooth Fairy Doll

フォックス・トゥース・フェアリー・ドール

FW2021 −

上下に顔のついた、ちょっと変わったドール。子ども
もの歯が抜けたら、貯金箱を持ったキツネの背中の
ポケットに。夜になると、歯の妖精がやってきて、
歯を受けとると、スカートの生地をひっくり返し、
キツネが歯の妖精に変身！　妖精の背中には、特別
なコインで装飾されたもう1つのポケットが。子ど
もが翌朝にポケットを開けると、妖精からのごほう
びが入っています！

Santa

サンタ

AW2022 −

サンタのクマはトレードマークの赤い
スーツと帽子を身につけています。背中
に抱えた金のプレゼント袋にはどんな秘
密が隠されているのでしょう？　サンタ
の妖精の格好をした小さなイエティ（雪
男）が、緑の帽子をかぶってクマのぬい
ぐるみを持っています！

203

CREATING
THE DESIGNS

Coral & Tusk の製品ができるまで

　旅や自然、動物などを題材にしたストーリー性の
ある刺繍がCoral & Tuskの特徴です。

　Coral & Tuskの製品は機械刺繍で、手刺繍では
ありません。手刺繍も可能だけれど、あまりにも時
間がかかりすぎ、販売するには価格帯が現実的では
なくなってしまいます。手刺繍のような温かみのあ
るユニークなデザインを、テクノロジーを使って価
格を抑え、小さなスケールでつくること。これが
Coral & Tuskのコンセプトです。

　手刺繍は、実際に刺繍をする人がつくり手。
Coral & Tuskの場合は、手刺繍をするように私が
デジタルで刺繍ファイルをつくり上げます。動物の
毛の流れをどうするか、小さな目のなかにいくつス
テッチを入れるか。絵を描くようにすべてを手作業
で仕上げた刺繍ファイルを、インドの工場で機械刺
繍することにより、私が表現したい手刺繍に限りな
く近いものができ上がります。

　製品づくりのサイクルは、毎年2回。春夏と秋冬
のコレクションをつくります。2016年にワイオミ
ングに移住してからは、サンプルをつくる前にオン
ラインでデザインミーティングを行うようになりま
した。2019年からはさらに進化して、コンセプト
の段階からしっかり話し合い、デザインのスケッチ
ができ上がった時点で、具体的にどんなアイテムが
よいかまでつめます。思いついたものをつくってい
た創業期から、15年の間に製品づくりもだいぶ変
わりました。

図鑑を見ながらワイオミングで見ることができる
鳥を確認。羽の模様はこまかく観察して写実的に、
表情は少しパーソナリティーが感じられるように。

INSPIRATION

着想とアイディア

頭のなかには常にたくさんのアイディアがあり、そこから
やりたいもの、つくるべきものを慎重に選びます。大切に
しているのは、本当に自分がつくりたいかどうか。まずは
色、形、動物、モチーフ、模様などのビジュアルを集めた
インスピレーションボードづくりから始めます。

ボードを完成させることで一貫性に気づいたり、
新たな発見があったり。とても楽しく、製品づく
りに欠かせない大切なステップです。

動物や鳥を描くときは、図鑑やビジュアル資
料を参考にしながら、どの種類を描くか、本
物に近い色にするか、想像にまかせた色にす
るかなど思案します。

Step2

SKETCH

スケッチする

スケッチするときはシャープペンシルを愛用しています。鉛筆と違って、ずっと細い線が書けるので。この段階ではモノクロの線画です。色はあらかじめ選んでおき、次のステップでその色に近い糸の色をデジタルファイル上で選び、ひと針ずつ、パソコン上で描いていきます。

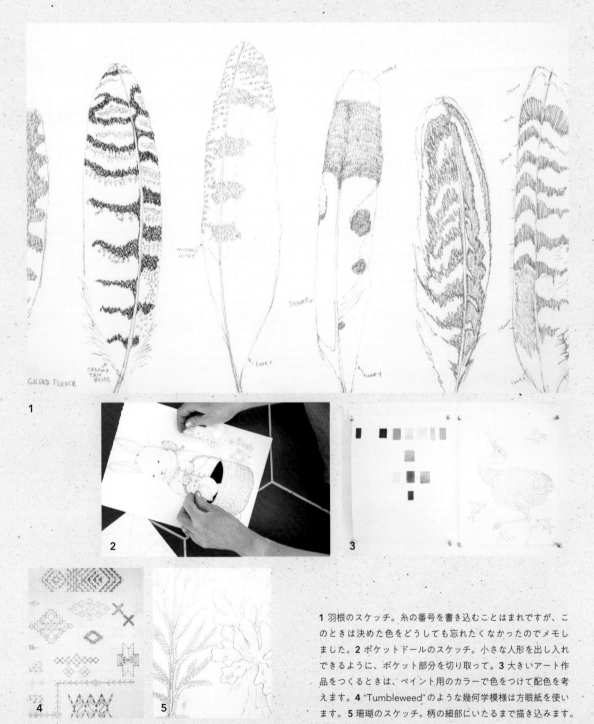

1 羽根のスケッチ。糸の番号を書き込むことはまれですが、このときは決めた色をどうしても忘れたくなかったのでメモしました。2 ポケットドールのスケッチ。小さな人形を出し入れできるように、ポケット部分を切り取って。3 大きいアート作品をつくるときは、ペイント用のカラーで色をつけて配色を考えます。4 "Tumbleweed" のような幾何学模様は方眼紙を使います。5 珊瑚のスケッチ。柄の細部にいたるまで描き込みます。

CREATING THE DESIGNS

207

DRAWING TO DIGITAL

刺繍ファイルをつくる

一般的に刺繍用ミシンでは、絵をスキャンすれば自動的に刺繍ができ上がりますが、私の場合はすべて手作業。専用のソフトウエアでスキャンした絵の上をデジタルのペンで描きます。動物の毛の流れ一本一本まで、こまかく、入念に。一つのデザインに何時間も要する作業です。

1 スケッチと刺繍ファイル。2 刺繍ファイルの制作は長時間に及ぶたいへんな作業。インドの工場での手間を減らすため、モチーフ間の糸の飛びが少ないように心がけます。3 刺繍ファイルのステッチが製品にそのまま再現されます。

PRODUCTION PLANNING

製品づくりの打ち合わせ

刺繍ファイルが完成したら、生産拠点であるインドへデータを送ります。現場監督のユクティと連携し、最適な生産方法を考えるのはとても重要なプロセス。ユクティが刺繍工場や縫製会社と綿密な打ち合わせをして、機械どりやレイアウト、色の順番などをつめていきます。

1 縫製会社の外観。**2** 現場監督のユクティ（左）のオフィスで、クオリティーチェックを担当するスタッフといっしょに、新作のサンプル生地を確認。**3** ユクティとテイラーたちとの製品づくりの打ち合わせ風景。**4** ユクティのオフィスにある過去の製品サンプル一覧。

BRING IT TO LIFE

機械で刺繍をする

大きな機械に刺繍ファイルのデータをとり込み、すべての
ヘッドに同色の刺繍糸をかけて刺繍をしていきます。刺繍
が終わると、同じ工場内で糸処理の作業。モチーフとモチー
フの間にたくさん残っている糸を一本一本切るのです。そ
の後、布のままの状態で縫製工場へ運びます。

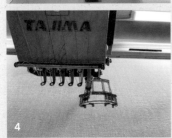

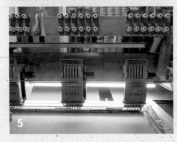

1 ずらりとヘッドが並んだ大きな刺繍機械。Coral
& Tuskの成長に合わせてオープンした2つ目の工
場。2 右端のモニターに写っているのが、刺繍ファ
イルのデータ。3 刺繍のキワをはさみで整える、アッ
プリケの最後の段階。4 1色ずつ刺繍をしていく。
5 初めて工場を訪れたときからずっと稼働している
1つ目の工場の機械。6 アップリケは生成りのリネ
ンの上に白いリネンを重ねた状態で刺繍し、すべて
の刺繍が終わってから、白いリネンを切りとる。

STITCH IT UP

裁断・縫製・仕上げ

縫製は製造工程の最終段階。布の状態で届いた刺繍は、最初にマスターテイラーが製品用に切り分けます。その後、熟練の職人がていねいに仕立てます。1つの製品をひとりの職人が仕上げるとは決まっておらず、臨機応変に対応。そのときに一番効率のよい方法ですすめています。

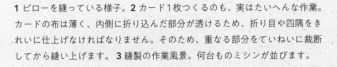

1 ピローを縫っている様子。**2** カード1枚つくるのも、実はたいへんな作業。カードの布は薄く、内側に折り込んだ部分が透けるため、折り目や四隅をきれいに仕上げなければなりません。そのため、重なる部分をていねいに裁断してから縫い上げます。**3** 縫製の作業風景。何台ものミシンが並びます。

HAND EMBROIDERY

手刺繍について

　曾祖母はレース編み、祖母はクロッシェ、母はクロスステッチに夢中。針仕事をする家族のなかで育った私は、ごく自然に刺繍をたしなむようになりました。いつも刺繍糸とはぎれを袋に入れて持ち歩くほど。だれに教わることもなく、糸で絵を描くように、好きなように刺していました。

　大人になって手刺繍の楽しさを実感したのは、2015年に東京・下北沢のfog linen workでワークショップをしたときです。ステッチの種類や刺し方の順番などは決めず、自由に刺してもらいました。すると、参加したみなさんからユニークなアイディアが次々ととび出し、想像力の豊かさに感動！　場の雰囲気もなごんで、みんなも楽しそう。手刺繍を通じて初めて会った人たちとこんなふうにつながれることがすばらしいと思いました。

　今回、この本の企画で久しぶりに手刺繍をしました。とっても楽しかった！　5つの作品に共通するテーマは、家族や友人と楽しめるアウトドアのアクティビティー。幼い頃の楽しかった夏の日々を一つ一つ思い出しながら描きました。

　Coral & Tuskのコレクションの制作では、スケッチができたらすぐにパソコンに向かい、機械刺繍のためのファイルづくりと、ゆっくり手刺繍を楽しむ余裕も時間もありません。でも、手刺繍への愛情は、Coral & Tuskを始めたルーツ。今回、手刺繍にとり組み、その大切さを再確認できて、本当にうれしかった！　この「課題」に感謝です。

Tandem

自転車乗り

サイクリングは、最も大好きなアクティビティーの一つ。初めて乗った自転車は、SCHWINN（シュウィン）。ブルックリンに住んでいた頃、ヴィンテージのSCHWINNを購入し、今も健在。グランドティトン国立公園にも出かけます。

215

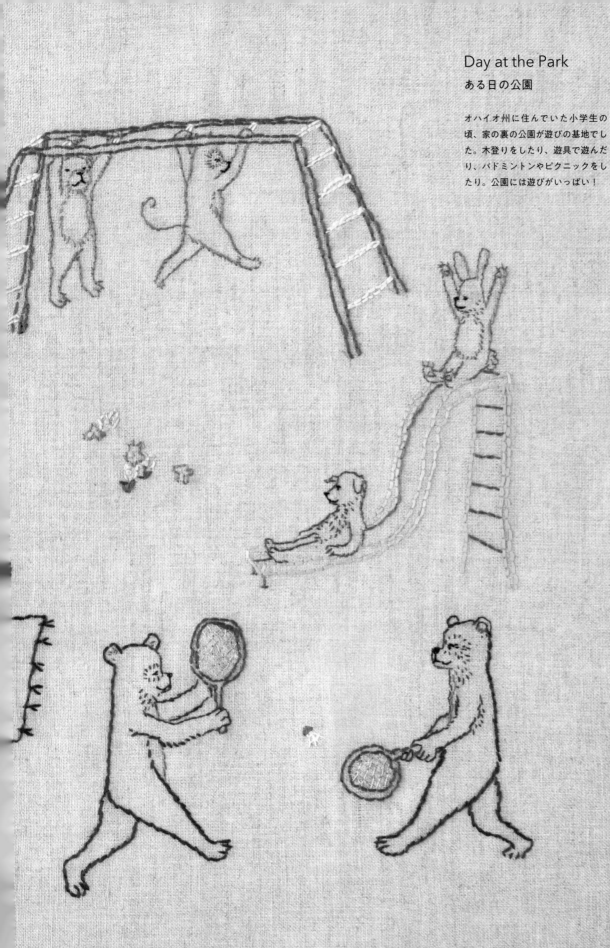

Day at the Park
ある日の公園

オハイオ州に住んでいた小学生の頃、家の裏の公園が遊びの基地でした。木登りをしたり、遊具で遊んだり、バドミントンやピクニックをしたり。公園には遊びがいっぱい！

Roller Coaster
ローラーコースター

ローラーコースターが大・大・大好き！ 遊園地に行ったときは必ず乗っていました。まるでそこに住んでいるみたいに。今はもう行くことはありませんが、愛してやみません。

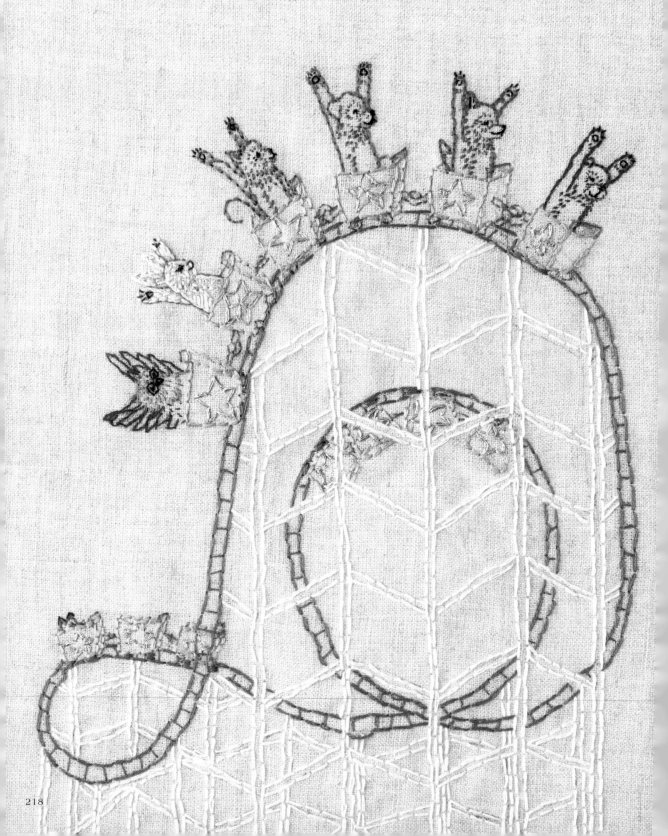

Ice Cream Shop
アイスクリームショップ

小学6年生のとき、新しく引っ越した家の近くにアイスクリーム屋さんがあり、家族や友だちと足しげく通いました。父がみんなにフォースクエアというボール遊びをやろうとけしかけ、その勝者には好きなアイスを買ってあげるよ、と言いました。

Flying Kites
たこ揚げ

おばが私を抱っこして、その横で従
兄弟がたこ揚げをしている。そんな
古い写真を発見しました！ 1978年
の春のこと。たこ揚げをしたのは、
私が育った家の裏にある公園です。

製品になった手刺繍

"Tandem" は、バスケットに小さなハリネズミが出入りするアイディアがあったので、自然とポケットピローに。"Ice Cream Shop" は、「小さめのピローがデザインにぴったり」というスタッフの意見を採用。バラエティに富むセレクションにしたかったので、残りの3つは、形や大きさを基準に、カード、ミニトート、ポーチと決めていきました。

Tandem Pocket Pillow
30×40cm

Roller Coaster Mini Tote
23×23cm

Day at the Park Pouch
30×21.5cm

Ice Cream Shop Pillow
30×30cm

Flying Kites Embroidered Stationery
12.5×17.5cm

CORAL & TUSK × NEKOMURA SAN

漫画家・ほしよりこさんとのコラボレーション

「猫村さん」とのものづくりは人生の贈り物

　初めてヨリコに会ったのは、2015年11月。ニューヨーク在住のエディター、アキコ（市川暁子）といっしょにブルックリンのスタジオに遊びに来てくれました。Coral & Tuskに興味をもってくれていたヨリコを、共通の友人であるアキコが引き合わせてくれたのです。ヨリコのやさしい人柄とあふれんばかりのエネルギーに、たちまちファンになってしまいました。

　その1カ月後、私とアキコが日本へ行くと、今度はヨリコが京都を案内してくれました。ヨリコが連れていってくれた京都の本屋さんで、偶然、ヨリコの著書『B&D』を見たときの衝撃は忘れられません。シンプルなマークやラインであらゆる感情を表現している。なんてすばらしいのだろう。すぐにこの本を購入し、ヨリコにサインしてもらいました。ささっと描かれるイラスト入りのサインを見たとき、私は確信したのです。ひと粒の砂よりも小さなマークで、ヨリコはしっかりと想いを伝え、想像力豊かにキャラクターを描き出し、心温まるストーリーを紡いでいるのだと。日本語が読めなくても、十分に伝わってきました。

　ヨリコは天性の才能に恵まれ、並外れた技量の持ち主であると同時に、とっても気さくで楽しい人。ますますヨリコのとりこになりました。

　2019年の春、3度目の来日では、東京・下北沢のfog linen workでの展示会にヨリコが来てくれます。そのときに、何かいっしょにコラボレーションできないか、という話がもち上がりました。その後、やりとりを重ねて、2020年5月に第1弾をリリースしたのです。

　ヨリコとのコラボレーションは人生の贈り物のようなもの。ともにコレクションをつくるだけでなく、お互いから学び続け、より友情を深める。これこそ真のコラボレーションだと思いました。

　ヨリコの描き方に関して、好きなところや尊敬するところはたくさんあります。シンプルで一貫した表現は、描かれたモチーフを見るだけで、その物語を知ることができるし、ラインワークでものごとを伝える手法も大好き。彼女がCoral & TuskのGarden柄が好きだと言ってくれたとき、猫村さんの日常にある好きなもの、猫村さんの物語を伝えてくれるものを描いてほしいとお願いしました。彼女のスケッチが届いたとき、思わず叫んでしまいました。あまりにもすばらしくて！このスケッチを元に刺繍ファイルを制作することが待ちきれない気持ちでした。その結果、誕生したのがFavoritesシリーズです（226ページ参照）。

　2020年5月から始まったコラボレーションは、毎回とても刺激的で、楽しいシリーズになりました。ふたりでともにとり組めること、ヨリコのすばらしい才能に感謝です。これからも、いっしょにたくさんの喜びを届けられますように。

From Stephanie

Coral & Tusk × Nekomura san
Pocket Doll
7.5 × 23cm

Coral & Tusk の 猫村さんができるまで

作・ほしよりこ

November, 2012

イーストヴィレッジを散歩中 ウィンドウに飾られたクリスマスオーナメントにひかれ…

"John Derian"へ

友人と
NY旅行に
行きました

オーナメント
買おう

JOHN DE

衝撃の出会い

それはティピー
からのぞく
子ギツネの
ポケット
ピロー

一見アンティークにも見える
趣のある 刺しゅう
でもそこはかとなく現代的な
センスが光る…

子ギツネの
無心な
表情…

圧倒的な
世界観に
ひきつけら
れるが…

オーナメントを
買いすぎて
手持ちの
お金もあまり
なくて悩む…

食事を
していて
も…

包んで
くれた
お店の
人も

I love this one too!
私も
これ
大好き♥

ねー♥

ホテルに
戻って
も…

やっぱり連れて
帰りたい!!

再び
John Derian

それから NY へ行くたび
ふえてゆく 私の C&T
コレクション

そしてなんと NY 在住エディターの
市川暁子さんが ブルックリンの C&T の
オフィスに案内して
くださって ステファニー
さんにお会い
しました

AKIKO　Stephanie　PACO

とても気さくで
太陽のような
温かさとパワー
をまとった人

そのときなんと
猫村さんを
あみしゅうした
ポケット
ドールを
いただき
ました

う〜
感激

2019年 東京の fog linen work
の展示会へ
　　　　C&T スタッフの
　　　　富田明日美さんに

猫村さんと
C&T のコラボを
するのどうでしょう?

と提案して
もらう　ぜひ!

猫村ねこが
C&T の世界へ
訪れた
なら…

アイディアスケッチするの
は楽しい♪

アイディアを キャッチボール
しながらできた C&T の猫村さん

目
は
こげ
茶

届いた
とき思
わず叫
んで
しまった♡

頭のブチの色、
耳とほっぺのピンクの色も
ステファニーさんの提案は
さすが!! でした。

ステファニーさんの豊富なテキスタイル
への理解と知識、C&T の妥協なき
クオリティの追求とインドの職人さんたちの
技術によりすばらしい作品ができ上が
りました。よい物をつくるため力を惜し
まない人たちと仕事できることを誇りに
思います。ステファニーさんの泉のような無限
に湧き出すアイディア💡 たくさんの学びと
気づきを いつもありがとうございます。

ステッチで
描かれた毛
並みが生命
感と温もりを
感じさせる

Coral & Tusk × Nekomura san
Favorites Pillow
40×40cm

Coral & Tusk × Nekomura san
Pocket Pillow
30×40 cm

1 Coral & Tusk × Nekomura san Medium Tote Bag 29×25cm **2** Coral & Tusk × Nekomura san Badge 11×6cm
3 Coral & Tusk × Nekomura san Bucket Bag 17×21.5cm

Coral & Tusk × Nekomura san
Pouch
14×18cm

Coral & Tusk × Nekomura san
Mini Tote
23×23cm

Coral & Tusk × Nekomura san
Park Pouch
30.5×21.5×3cm

CORAL & TUSK × HANAKO PROJECT

俳優・石田ゆり子さんとのコラボレーション

動物を愛するみんなのプロジェクト

　動物の保護活動は私にとって、とても大切なことです。2004年、見捨てられた動物たちの里親探しが急務であることを知った私は、保護犬以外は絶対に飼わないと誓いました。

　ユリコのインスタグラムで「ゆりごろう王国」を知っていた私は、2020年にユリコと出会い、ハナコプロジェクトの活動や構想、めざしているものを聞いたとき、その夢を実現するためにできることはなんでもやろうと決めたのです。

　こうしてユリコとのコラボレーションが始まりました。動物たちに注がれるユリコのやさしさ、温かさ、心からの愛情を感じる関係性を、ズームミーティングを通して直接目にできたのは、思いも寄らないうれしい出来事でした。

　ユリコはデザインの段階から深く関わり、一つ一つのステッチにいたるまで、心を砕き、時間とエネルギーを注いでくれました。

　このコラボレーションに辛抱強くつきあってくれたこと、多くの動物たちを救うことにつながる機会をつくってくれたことに深く感謝します。ありがとう、ユリコ！

From Stephanie

Coral & Tusk × Hanako Project
Cabinet Pouch
23×31cm

Coral & Tusk × Hanako Project
Yuki & Chibita Pouch
21×16cm

Coral & Tusk × Hanako Project
Yuki Party Hat Pouch
16×21cm

Coral & Tusk × Hanako Project
Kitchen Pocket Pouch
31×23cm

Coral & Tusk × Hanako Project
Family Pouch
31×23cm

Coral & Tusk × Hanako Project
Hiking Pouch
31×23cm

ゆりごろう王国から
感謝と愛を込めて

Coral & Tusk × Hanako Project
Cat House Pouch
11×24.5cm

ハナコプロジェクト

保護犬、保護猫が負担なく医療が受けられる仕組みをつくるため設立された、飼い主のいない犬や猫の医療費を支援する団体。

ステファニーさんから生まれる世界は、どんなときでも私をひきつけてやみません。夢があり、ユーモアにあふれ、少しシュールで。色合いが魅力的で、どこまでもかわいいのにシック。そして、絶対的に大人の洗練がある。クッション、テーブルウエア、小さなお人形たち、ポーチ。少しずつ大切にコレクションしています。

このたび、私の願いが叶って、私の暮らし（ゆりごろう王国と勝手に呼んでいます）とステファニーさんの世界がコラボレーションする運びになりました。なんということでしょう！！

神様ありがとうございますと踊りだしたくなるほどの幸せです！！　私といっしょに暮らす、家族同然の動物たちがCoral & Tuskの世界で息づいているなんて、本当に夢のようです。

何度も何度も繰り返されたズームミーティングで、ステファニーさんはいつも、私の意向や好みをそれはそれはこまやかに聞いてくださいました。それは刺繍糸の密度から色の濃淡、動物たちの表情やしぐさ。ユリコが本当に納得するように、と。その心遣いと、大きな口でワーオ！！！！と笑う、かわいすぎる笑顔に毎回、魅了されていました。

この7種類の、形も大きさもさまざまなポーチたちの売り上げはすべて、私が理事を務めている「ハナコプロジェクト」に寄付されます。飼い主のいない犬猫たちに医療を届けるという同プロジェクトの趣旨に、ステファニーさんが深く賛同してくださり、この企画はスタートしました。

ステファニー、本当にありがとう。
あなたからあふれ出てくるすばらしいインスピレーションと深い愛情を、私は心から尊敬しています。ゆりごろう王国のみんなと私から、大きなハグと感謝と愛を込めて。

石田ゆり子

CORAL & TUSK × HANAKO PROJECT

LIVING WITH
CORAL & TUSK

Coral & Tusk と暮らす

インテリアスタイリストの石井佳苗さん宅
のリビングルーム。ソファのクッション（ピ
ロー）が Coral & Tusk のもの。古いものも、
モダンなものも、石井さんが感じる「かわい
い」が集められた空間に溶け込んでいる。

幾何学模様も羽根も一本一本刺繍されていて
思わず引き込まれてしまう

インテリアスタイリストの石井佳苗さんが、Coral & Tusk に出会ったのは、東京・表参道のインテリアショップ「H.P. DECO」。

「ドールを初めて見て、かわいかったので雑誌で紹介しました。2011年か2012年頃だったかと。ちょっとシュールで無表情なところも、大人が持ってもいいなと思いました」

ほどなく家に迎えたのは、バッファローとアライグマが描かれたクッション。何度かの引っ越しを経て、今もなお、リビングのソファに置いて愛用しています。

「家のなかに温かいものが増えた、みたいな感覚がありました。バッファローにアライグマが乗っているなんて、ありえない世界なのもおもしろい。アライグマの背筋がピンと伸びているし、よく見ると絵みたいにこまかくて、ちょっとアート的。毛並みもすごくリアル」

Coral & Tusk といえば、動物。そんな印象も、次々と発表されるコレクションに触れるなかで次第に変わっていきました。

「植物だったり、羽根だったり、幾何学だったり、幅広いんですよね。フルーツもあるし。動物のイメージが強かったけれど、そんなことはない、というのがよくわかってきました」

そんな石井さんが心ひかれたのが、幾何学模様のテーブルランナーです。

「三角や丸のなかもとてもこまかい。引き込まれちゃう。単に幾何学模様というのではなく、自然のなかで人間が見出した柄に思えてきて、民族的、土着的というか、スピリットを感じます。自然のモチーフを幾何学的なものに引用して、サインやお守りのようにたくさんつめ込んでいるのに近い気がします」

だから、幾何学でも、モダンで都会的にはならない。そこに魅力を感じるそう。

「ステファニーは、動物を描きたかったんじゃないと思う。自然界で感じるものをただ描きたかったんじゃないかなって。植物も羽根もそう。自然界にある美しいもの、不思議なものを形にしたかったのかなって思うんですよ」

動物であれ、植物であれ、有機的なもののなかで人間もともに生きている。そこからインスピレーションを受けている点では、フォークアートでもある、と石井さんはいいます。

「トライバルラグもそうだし、インドのブランケットもそう。私はそういうものがすごく好き。だからかな、Coral & Tusk は、不思議と自分の家のインテリアになじむんですよね」

石井佳苗
インテリアスタイリスト

衣食住のライフスタイル提案を中心に、暮らしまわりのスタイリングを手がける。2020年よりオンライン講座「Heima Home Design Lesson」を開講。近著は『Heima 住まいの感覚を磨く9つのキーワード。』(扶桑社)。

1 幾何学模様のテーブルランナーにヒョウ柄のナプキンを合わせて。 **2** 石井さんのトレードマークにもなっているメガネはメガネ柄のポーチに。「少し毒っぽいデザインが気に入っています」 **3** 愛猫のハナオ。「クッションは猫がガリガリやってもへたりません」

4

6

7

8

10

9

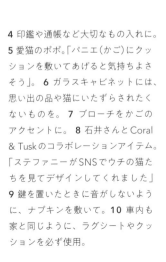

4 印鑑や通帳など大切なもの入れに。
5 愛猫のポポ。「パニエ（かご）にクッ
ションを敷いてあげると気持ちよさ
そう」。 6 ガラスキャビネットには、
思い出の品や猫にいたずらされたく
ないものを。 7 ブローチをかごの
アクセントに。 8 石井さんとCoral
& Tuskのコラボレーションアイテム。
「ステファニーがSNSでウチの猫た
ちを見てデザインしてくれました」
9 鍵を置いたときに音がしないよう
に、ナプキンを敷いて。10 車内も
家と同じように、ラグシートやクッ
ションを必ず使用。

235

繊細な刺繍にシュールな絵柄。
かわいいだけじゃないから
インテリアにもなじみます

「Coral & Tuskを知ったのは、日本で取り扱いを始めたショップのブログで見かけたのが最初。2011年のことです」

グラフィックデザイナーの立古尚子さんは、一風変わった刺繍ブランドに興味を覚えます。調べるうちにアメリカ本国のオンラインショップにたどり着き、せっかくなら日本未発売のものもほしいと、直接、個人輸入しました。

「オーナメントやトラの刺繍作品、刺繍カードなどを注文しました。クリスマス直前で、『よいクリスマスを！』のメッセージとともにレーザーでくりぬいた海のカードも入っていて、思いがけないギフトに感動した覚えがあります」

当時、娘さんは2歳。生まれた翌年に購入した大きなクリスマスツリーのために、お気に入りのオーナメントを見つけては買い足している時期でした。

「動物モチーフのかわいいものを置きたいけれど、かわいすぎるのはちょっと抵抗があって。Coral & Tuskの動物はインテリアとしてもすごくなじみがよかったんです」

トラの刺繍は、シュールさにひかれたといいます。

「おなかのなかに人間と子ブタ、そのそれぞれのおなかにもさらに……という状況を描いたところに、シニカルながらユーモアを感じました。リアルなトラのタッチにユーモアのミックス加減が絶妙で、かわいいけれど、かわいいだけじゃない」

ユニークな絵柄を、プリントではなくて、刺繍で表現していることも、興味をそそられた点。

「刺繍という技法はクラシカルになりがちですが、Coral & Tuskは、それを使って新しいスタイルを打ち出したところに斬新さを感じました」

精密な刺繍とCoral & Tuskならではの世界観。魅力はそこに尽きるようで、最初の個人輸入から徐々に集まって、クッションも3つ仲間入りしました。

「絵柄があまり込み入っていない、まわりの余白が多めの動物シリーズが好きです。シンプルなクッションにも、キリムのようなインパクトのあるクッションに合わせても、調和がとれるのもいい。ポケットつきのクッションは、背もたれにするにはちょっと向かないのですが、あのアイディアはすごく好き。実用というよりは、部屋のアクセントとして置いています」

1 初めて購入したオーナメントは、キツネ、クマ、シカ、フクロウ。のちにウサギとトナカイを見つけて仲間に。2「初期のオーナメントはフラットでフェルト素材。自分で綿をつめて、ひもをつけ替えました」

立古尚子
グラフィックデザイナー

中学生の娘、夫との3人暮らし。10代の頃からインテリアをあれこれ考えることに没頭し、20代の頃から現行品・ヴィンテージ品を問わず、自分の感覚に合う国内外の雑貨や家具の情報にアンテナを張る。

6

3 仕事部屋の壁に飾ったトラの刺繍。4 横長の形が気に入っているポケットピロー。5 天国へと旅立った愛犬トトの写真コーナーに、クマのカクテルナプキンを飾って。6 ガラスキャビネットは動物コレクションの舞台。「ノアの方舟みたいな場所」7 シンプルなクッションと組み合わせて、インテリアのアクセントに。8 色あざやかなクッションは子ども部屋に。大人っぽいものはリビング、愛らしいものは子ども部屋と、使い分けできるのも魅力。

息子の部屋にホリデーアイテムを
いっぱい飾るのが今から楽しみ

築100年、ブルックリンらしい赤レンガの建物の2階がアリシアさんの住まい。壁のモールディングからドアノブにいたるまで、歴史を感じさせる装飾があちこちに施されています。

「メキシコのデザインやスタイルを紹介した『Casa Mexicana』という写真集があるのですが、この世界が大好き。目の覚めるような色彩や遊び心にあふれたデザインはインテリアの参考になります。大好きな色は炎のようなオレンジ色。ついつい集めてしまうので、家のなかにはオレンジ色のものがあふれています」

Coral & Tusk ではイースターやクリスマスなど、ホリデーアイテムが大のお気に入り。

「私の両親は、ホリデーになるたびに飾りつけをして、それが私や兄弟にとってすごく特別なことでした。大人になった今でも、すばらしい思い出です。だからステファニーがホリデーのデザインを考えているときはワクワクします。子どもたちはこういうデコレーションが好きだし、両親がクリスマスピローやイースターバスケットを持ってきたら、きっと喜ぶはず!」

そんなアリシアさんの思いがあふれているのが、1歳になるボビーくんの部屋。

「Coral & Tusk のバスケットは見た目もかわいくて、収納にも役立つし、とっても便利。壁の棚には動物といっしょにカードを置いて、動物の名前や読み方を教えたりしています。ボビーはクマや猫を指さして遊んでいるんですよ」

アリシア・スカーデッタ
Coral & Tusk ビジュアルコンテンツ兼
ホールセール担当

ブルックリンのサンセットパークに、夫、息子のボビーくん、保護猫のチャーチと暮らす。織物などのテキスタイルアートを制作している。フリーマーケットでの買い物やサイクリングが好き。

1 ランバーピロー の上でくつろ
ぐ、愛猫のチャーチ。2 旅先で見
つけたヴィンテージが並ぶリビン
グのソファコーナー。"Evil Eye"
"Tumbleweed" "Stitch Stripe"のピ
ローを置いて。3 寝室には幾何学
模様のピローを置いて。色あざやか
なタペストリーはアリシアさんの作
品。4 ボビーくんの部屋にはCoral
& Tuskのアイテムがいっぱい。

1 2020年のパンデミックを機に、ほぼ在宅勤務に。「ここでCoral & Tuskの仕事をしています」2 クマのポケットには初期のフェルト素材のアクセサリーを。「オオカミは同僚のオリヤが出産祝いにプレゼントしてくれた自作のペーパーマシェ」3 思い出深いツリーのオーナメント。4 ツリー用オーナメントの数々。5 サンプル品のガーデン柄のブックカバーは、メモ帳カバーとして愛用。6「クッションカバーは気分で変えて楽しんでいます」

Coral & Tuskのアイテムは
ヴィンテージのものと相性がいい

ブルックリンのグリーンポイントは、新旧の建物が混在しているエリア。冨田さんが住んでいるのは、4階建ての1階です。

「この家に引っ越した理由は、裏庭があることとブルックリンらしいレンガの壁。今でもこの2つが、この家で一番気に入っています。落ち着いた色合いのなかに、ハッとするような色や柄があるインテリアにもひかれるんです」

ヴィンテージのアイテムも好きで、部屋の随所に置かれています。

「Coral & Tuskのアイテムは、ヴィンテージのものと相性がいいのがうれしいですね。素材がリネンなので、ほかの素材ともなじみやすく、インテリアにもとり入れやすいです」

大人も子どもも楽しめるユニークで洗練されたデザインも、Coral & Tuskの大きな魅力のひとつだと冨田さんは言います。

「ステファニーの描くクマが、いつもやさしい表情をしていて大好き。ガーデン柄は、誕生したときからずっと好きなデザインです」

思い出深いのはクリスマスのオーナメント。

「私がCoral & Tuskで働き始めた2013年は、今の仕様のクリスマスオーナメントを初めてつくった年でした。みんなでどんなオーナメントにするか話し合ったことを、昨日のことのように覚えています。そんな思いもあって、Coral & Tuskのオーナメントは大好きで、毎年、クリスマスツリーに飾っています」

冨田明日美
Coral & Tusk 日本マーケット担当

ブルックリンのグリーンポイントに、夫、5歳の息子と暮らす。アウトドア好きで、夏はキャンプ、冬はスノーボードに行くことが慣例に。旅行も好きで、アメリカの国立公園は特にお気に入りの旅先。

育った環境で少しずつ違う
ナチュラルリネンの風合いが好き

　古い建物が並ぶ歴史地区のクリントンヒル。ジェスさんの住まいは、1902年に建てられたアパートの最上階です。
「歴史を感じる装飾があちこちにあって、それが私たちの好きなものとうまい具合にミックスされています。気に入っているのは大きな窓。最上階なのでたっぷり自然光が入ります」
　インテリアはいろんなテイストが混ざったエクレクティックなスタイルが好み。リラックスできて機能的なこともポイント。
「夫がエレクトリックドラムを買ったのですが、置ける場所がキッチンしかなくって。でもニューヨークシティのアパートだし、遊びに来た友だちはみんな楽しんでいるし、それもアリかと。後ろの壁に飾ったのは、大学卒業時につくった私の作品。染色した手漉き紙にシルクのオーガンザ(張りのある薄い生地)を縫いつけました。ドラムの音を少しは吸収してくれるかな」
　Coral & Tusk で好きなのは、ナチュラルなリネンの風合い。
「フラックス(麻)は育った環境によって少しずつ違いがあります。それは自然のものだからこそ。人間がコントロールできないものの美しさに思いを巡らすことができます」
　特に愛用しているのは、リネンのディナーナプキンです。
「リネンは吸水性がとってもすぐれているので、フルーツや野菜を拭くときに便利です。ランチボックスを包むこともあります。何回も洗濯すると、風合いが変わってくるところも好き。ずっと長く使い続けたくなるポイントですね」

ジェス・ミラー
Coral & Tusk カスタマーケア担当

ブルックリンのクリントンヒルに、ミュージシャンの夫、猫のジョーと暮らす。ニューヨークシティの散策やガーデニング、友だちと料理するのが楽しみ。レコードは聴くのも集めるのも好き。

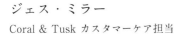

1 キッチンに置いた夫のエレクトリック
ドラム。**2** コウモリのカードの右下の太
陽は、ジェスさんが描いたもの。**3** カウ
チには"Cody Stripe"と"Tumbleweed
Vermillion"のピローに、シルクベルベッ
トのはぎれを染めた自作のピローをミッ
クス。**4** 寝室。Coral & Tuskの"Wings"
のピローはお気に入り。インドのヴィン
テージのブロックプリントや手染めの
シルクのピローといっしょに。**5** 愛猫の
ジョーは16歳。「わが城の女王様。ブルッ
クリンのベイリッジで保護しました」

1 "Butterflies and Blooms" と
"Blooms" は、ヴィンテージのカ
ンタキルトと自作のキノコ柄のピ
ローと。2「Coral & Tusk の猫たち
がカーテンになりました。うちの
愛猫のミトリーも！」3 "Berbar
Black on Ivory Lumbar" の前にあ
る小さなピローは、古いスカー
トで仕立てたもの。4 仕事場の壁。
鉛筆描きのフクロウはステファ
ニー作。アナグマとドンキーの
オーナメントとともに。

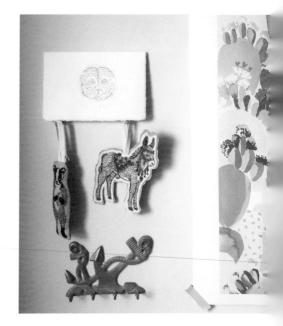

冬はスキー、夏はキャンプ。季節ごとに刺繍カードを替えて楽しみます

2

4

キャロルガーデンは緑豊かで静かなエリア。レンガづくりの3階がリンジーさんの住まいです。

「小さなキッチンとリビング、ほどよい広さの寝室、そして私が仕事で使っている小さな部屋があります」

リンジーさんのお気に入りの場所は仕事部屋。

「私だけのスペースなので。窓から美しいイチョウの木が見えて、季節の変化を感じながら眺めるのが楽しみ」

リビングは、夫と猫の共有スペースです。

「猫が遊び回れるように、飾りつけは控えめです。夫がレコードプレーヤーを持っているので、リビングにはいつも音楽がかかっています」

大好きな色はピンク。すべての部屋に何かしらピンクのものを置いています。寝室はくつろげるように、クールなブルーやグリーンもとり入れ、静かな雰囲気に。

「寝室のサイドテーブルに飾ったカードを季節に応じてとり替えたりするのが好きです。たとえば、冬にはウサギのスキーヤー、夏にはキャンプをするキツネとか」

Coral & Tuskのアイテムとよく合わせているのは、無地のリネン。ヴィンテージの布もよく合うそう。

「Coral & Tuskで好きなアイテムはたくさんあります！特にハロウィーンコレクションがすばらしい。"Bluebird of Happiness"のオブジェも最高でした。ベッドに置いたランバーピローもとても心地よくて、使い勝手抜群です」

リンジー・エリン・ハース
Coral & Tusk マーケティング担当

ブルックリンのキャロルガーデンで、夫、猫のミトリーと暮らす。イラストや漫画を描くのが好きで、子どもたちにアートも教える。プールや海で泳ぐこと、リサイクルショップでの買い物も好き。

STEPHANIE'S STORY

ステファニー・ハウズリーの半生と
Coral & Tusk のものづくり

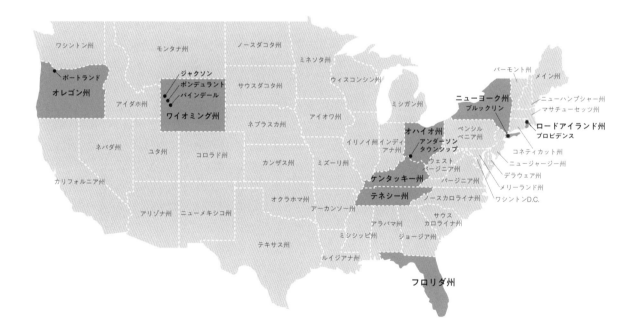

ワシントン州 モンタナ州 ノースダコタ州
ミネソタ州
●ポートランド ジャクソン ウィスコンシン州 バーモント州
メイン州
オレゴン州 ボンデュラント サウスダコタ州
パインデール ニューハンプシャー州
アイダホ州 ワイオミング州 マサチューセッツ州
ミシガン州 ニューヨーク州
ネブラスカ州 ブルックリン
アイオワ州 ロードアイランド州
ネバダ州 ユタ州 プロビデンス
コロラド州 ペンシル オハイオ州
イリノイ州 インディ ベニア州 アンダーソン
アナ州 タウンシップ コネティカット州
カリフォルニア州 カンザス州 ミズーリ州 ニュージャージー州
ウェスト デラウェア州
バージニア州 メリーランド州
ケンタッキー州 バージニア州 ワシントンD.C.
アリゾナ州 ニューメキシコ州 オクラホマ州 アーカンソー州 テネシー州
ノースカロライナ州
サウス
アラバマ州 カロライナ州
テキサス州 ミシシッピ州 ジョージア州
ルイジアナ州
フロリダ州

第1章

幼少期から大学時代

父と母の思い出

　母はケンタッキー州、父はテネシー州の出身。勤勉でものづくりが得意なアパラチアの人が私のルーツです。父も母も貧しい家庭で育ち、父は満足に学校に行けず、若くして入隊し、ベトナム戦争に従軍しました。20歳で戦争から戻り、1967年、母と結婚。母は16歳でした。

　結婚後、父は住宅建設に従事して独立、注文建築に力を注ぎます。週に6日間、モーレツに働く父は、仕事に誇りをもち、自信にあふれた人でした。母は父の会社で経理を担当していました。

　私が生まれたのは、1975年9月3日。オハイオ州・アンダーソンタウンシップという町でした。幼少時代、母の愛情をいっぱい受けて育った私にとって、母は間違いなく最高の母親！　私を信頼し、私が思うこと、やりたいことをいつも応援し、想像にふけることを静かに見守ってくれる人でした。そのおかげで私は、大人になった今も、探究心が旺盛。子どもの頃と変わらず、いろいろなアイディアを思いついては、それをどうやったら実現できるかを考える大人になったと思います。

　一方、父はとても楽しい人でした。カリスマ性があり、愉快で、たくましくて頼りがいがある。人を引きつける魅力にあふれ、みんなから慕われる存在。大きな子どもみたいな感じで、いつも想像もつかないようなおもしろいゲームを思いついては、近所の子どもたちを集めて外でいっしょに遊んだものでした。

　幼い頃は父と母、私の3人家族。近くに母方の祖母、曽祖母、父方の祖父母、父方・母方のおじおば、従兄弟が住んでいました。1985年に双子の弟が生まれました。

1977年、2歳の誕生日。父といっしょにお祝いを。

オハイオ州の自然のなかで育つ

　幼少時代を過ごしたのは、アンダーソンタウンシップ。オハイオ州南西部にある商工業都市シンシナティから、車で30分ほどの郊外の町です。その町では2つの家で暮らしました。8歳まで過ごした家は、裏庭の先に公園が2つもあって、まわりは手つかずの大自然。広場を駆けまわって、いつも外で遊んでいました。

　2番目の家には大学に通うまで住んでいました。この家も裏には青々とした高い木が生い茂り、小川が流れ、見渡すかぎり一面の森。裏手には一軒も家がなく、見えるものといえば、木々と丘だけでした。

　通っていた小学校は、公立の小さな学校で、1学年は3クラス。1クラスの人数は25名ほどでした。得意な科目は美術と数学、苦手なのは国語。将来なりたかったのは、獣医です。好きな時期は夏の終わり。新学期が始まる直前に、クラス分けと担任が書かれた紙が貼り出されると、新学年に備えて必要な文房具用品が書かれた「サプライリスト」も発表されます。これが楽しみで、リストを見ながらの買い物が大好きでした。

　小学校時代の私は元気いっぱい、エネルギーがあり

*1
アパラチアの人
アパラチアは、ノースカロライナ、テネシー、ケンタッキー、オハイオ、バージニアなどの州をまたがるブルーリッジ山脈とグレートスモーキー山脈周辺の山岳地帯。アパラチアの人は機知に富むといわれている。

1975年、母に抱っこされる私は生後6カ月頃。イースターの時期、母方の祖母の家に家族が集まりました。近所の公園で撮った写真。

1978年、3歳。オハイオ州の自宅近くの公園でたこ揚げをしました。おばに抱っこされているのが私、たこを揚げているのが従兄弟。

余っている子どもでした。遊ぶのが大好きで、あらゆる遊びをしました。外では砂場遊びはもちろんのこと、物置小屋を自分専用の「プレイハウス」にして遊び、家のなかではぬいぐるみといっしょにティーパーティーに夢中になりました。公園で大好きなおばや従兄弟と過ごすことも多かったし、お祖母ちゃんとは古いくつ下で人形をつくり、いつも手を動かしていました。

私は素直でお行儀もよかったけれど、間違いなく世話の焼ける子どもでした。はっきりとものを言うし、感情の起伏が激しくて繊細。心が折れやすいというか、傷つきやすいというか。

SCPAとキャロライン先生との出会い

中学、高校は地元の普通科に通いました。すべてが変わったのは、高校の最終学年にアートスクールのSCPA（エスシーピーエー）[*2]に転校してからです。友人がこのアートスクールに転校したことで存在を知り、とても興味をもったのです。家から遠かったのですが、転校を希望し、合格しました。

転校に際して、具体的な考えは何もなく、将来何がしたいのかを真剣に考えていたわけでもありません。アートは好きだったけれど、お金を稼げるとは思えなかったし、アーティストになるなんていう選択肢は考えたこともなかったのです。SCPAに通い始めると、アートの世界でキャリアを積むことが実現可能な選択肢であり、専門的な職業だと信じられるようになっていきました。

アートに特化したカリキュラムを学び、人として、アーティストとして、心から私を信じてくれる先生たちに恵まれました。RISD（リズディー）[*3]のような大学があることを教えてくれ、導いてくれたのです。SCPAで過ごし、先生たちと出会った1年がなければ、決してそこにはたどり着かなかったことでしょう。

SCPAで巡り合った先生のなかで、最も影響を受けたのは、キャロライン・ホフマン先生です。若くて、おもしろくて、ときに辛辣（しんらつ）。何よりも類いまれな才能の持ち主でした。とりわけ、ドローイング、絵を描くということにおいては、キャロライン先生は、信じられない量の実践的なスキルを、生徒ひとりひとりがスタイルを確立できるよう、上手に導きながら教えてくれました。長所を理解して引き出し、強化するのがとてもうまかった。改善点も指摘してくれたおかげで、私たちはみんな成長しました。すべてのものを新鮮でワクワクする魅力的なものに変えてくれたのでした。

私たちと年齢も近かったキャロライン先生は、よき友人のようでもあったけれど、先生として尊敬していました。いつも温かく見守ってくれたキャロライン先生こそ、私を大学に行くように勇気づけてくれた恩人です。

クリスのこと

夫、クリス・ラシナックに出会ったのは、私が高校を卒業した頃。共通の友人を通じて知り合いになりました。クリスは高校（SCPA）の後輩、私より1歳8カ月年下で、当時はまだ高校生。1993年6月のことでした。

いっしょにGrateful Dead and Stingというバンドのライブに出かけたのが、つきあいの始まり。すぐに打ち解け、意気投合して無二の親友に。今から思えば、とても恵まれていたと思う。10代で出会った頃から、生きていくうえで大切にしたいものや人生の岐路での選択が、ことごとく共通していたのだから。

クリスは高校卒業後、フロリダ州にあるカレッジで音響工学を学びます。音響関係の会社で2年、資産をデジタル化する会社で7年働いたのちに独立。デジタル資産管理のコンサルティング会社を立ち上げました。すべて独学や経験で習得していく人でした。

1985年、10歳。美しいビーチが広がるリゾート地、フロリダ州のアメリカ島にて。母は妊娠中。10歳離れた双子の弟が生まれる前です。

*2
SCPA
（エスシーピーエー）
The School for Creative & Performing Arts
オハイオ州シンシナティの公立高校。1973年に設立。美術に特化した内容と大学進学プログラムを組み合わせたアメリカ国内初の学校。

*3
RISD
（リズディー）
Rhode Island School of Design
ロードアイランド州プロビデンスの美術大学。アメリカで最高峰の美大として位置づけられ、美大のハーバードとも呼ばれている。

私が18歳、クリスが17歳の頃。

大学に合格するも、すぐに故郷へ引き返す

　私はといえば、高校卒業後、アートの道に進みたかったけれど、父からは援助も励ましも得られませんでした。大学資金もゼロに等しかった。しかも、大学に進学する者は、家族・親戚合わせて私が初めて。両親も、祖父母も、おじもおばも、従兄弟も、だれひとり、大学に進んだ者はいません。相当のプレッシャーを感じながらも、友人の姉の話に感化されたこともあり、文化人類学の道へ進もうと決めました。オレゴン州ポートランドにあるリベラルアーツ・カレッジ、ルイス&クラークに合格し、奨学金も得ることができたのです。

　1993年の夏、オハイオ州の故郷を出て、オレゴン州の大学へと向かいました。ところが大学に着いたとたん、どうしようもなく動揺している自分に気づいたのです。なんという間違った選択をしてしまったのだろう。その思いを拭い去ることができず、数日間滞在したあと、オハイオ州へ引き返してしまったのです。

　故郷で生活を始めてほどなく、ステンドグラス工房の求人広告が目に入り、そこで働き始めました。何か新しいことが学べるのではないか。とっさの判断でした。

難関の美大、RISDに合格する

　ステンドグラス工房では、ステンドグラスの窓をはじめ、ランプシェードやボウルをつくる技術を習得。自分で考えたパターンにも挑戦しました。

　1年間、ステンドグラス工房で働いたおかげで、さらに高いレベルでアートを目ざすべきだという考えが確信を帯びてきました。高校時代に存在を知った大学、RISD。そこでアートを学びたいという強い気持ちがよみがえってきたのです。RISDにあるガラス工芸のプログラムでガラス吹き製法を覚えようと考えました。

　RISDは美大においては間違いなくトップクラスの大学。受かる見込みなんてゼロに等しい。それに、万一受かったとしても、学費がとても高くて、通えるはずもありませんでした。

　出願しようと決めたのは、締め切りの3日前。無謀としか言いようがありません。だって出願時には、45×60cmのドローイングを3枚提出しなければならないのだから。そのときの課題は、自転車、静物、そして人物画。さらに筆記テストに加え、自身の作品のスライドも送る必要がある。なんとも複合的な出願課題でした。受かるはずがない、と思っていたのに、なんと合格したのです。驚いたことに、奨学金も得ることができました。こうして1994年9月、19歳のときRISDに入学し、私は大学生活を送ることになりました。

作品制作に没頭した学生生活

RISDでのカリキュラムのメインは作品制作です。どの学生も基礎は同じことを学びます。ドローイング、平面、立体など、その課題の内容の濃さと多さは驚異的でした。とてもハードで、生半可な姿勢ではまったく歯が立ちません。華やかな学生生活とは縁がなく、ただただ、作品制作に没頭する日々。課題は量が多いだけでなく、期待されるレベルと基準もとても高い。あまりのハードさに投げ出してしまう人もいるほど。私はチャンスを与えられたと思っていたので、すべての課題をやり遂げるつもりでした。ここでものづくりの経験を積み、将来、それを思う存分、生かしたいと思っていました。

大学時代、私はいくつかの仕事をかけもちしていました。大学内の寮に住み、構内のアートギャラリーで働きました。寮費や食費を浮かすため、寮生の世話係も請け負って。この生活を2年半続け、その後、女子学生3人とアパートに引っ越しました。そのなかの2人とは大親友で、今でも交流が続いています。

RISDには1年目と2年目の間に、"ウインターセッション"と呼ばれる6週間のコースがあり、そこで自分が選んだコースを集中して学ぶことができます。

1年目にガラス吹き製法のコースを選んだのは、自然の成り行きでしたが、ガラス工芸は狭い業界だと感じ、その道のプロにはなりたくないと思いました。

2年生になって選んだコースは、家具デザインです。家具は機能的だし、クリエイティブにもなりうるという理由で。でも、家具は独立した学部ではなく、家具を学ぶにはインダストリアルデザインを専攻する必要がありました。インダストリアルデザインなんて好きじゃないし、おそらく自分には最も向いていませんでした。

テキスタイルに興味を覚えたのは、ルームメイトの影響です。彼女とは起きている時間のほとんどをいっしょに過ごしていました。テキスタイル専攻の彼女が制作しているものはとても魅力的で、嫉妬を覚えるほど。私が専攻すべきはこれだと思い、家具デザインからテキスタイルへと専攻を変更したのです。するとテキスタイルはすべてのプログラムが気に入り、私にはぴったり。

繊維の種類や染めなど、テキスタイルに関するあらゆることを学びました。なかでも好きだったのは、ドローイングの要素があるシルクスクリーン。大学には織り機もあり、3年間、私専用で使わせてもらいました。

テキスタイル専攻だったルームメイトは、のちにPollack（ポーラック）のデザイナーになったレイチェル・ドリス。Coral & Tuskを立ち上げてからいっしょにコラボレーションする日が来るなんて、このときは夢にも思いませんでした。

大学生活で得たもの

RISDではすばらしい先生に恵まれ、多くのことを学びました。彼らは手厳しく、歯に衣着せぬもの言いで、ダメ出しも容赦ない。何度やり直したことか。遊ぶ暇なんてまったくない。それでも、才能あふれる多くの学生が集まる、トップクラスの美術大学に身を置けたことは本当に幸せでした。

厳しいカリキュラムを全力で学び続け、なんとか無事に卒業できた頃には、入学時とは別の人格になったとさえ感じるほど。そういった環境で大いに鍛えられたことで、今の自分が形づくられていきました。

RISDでは最高峰の技術と作品の表現方法を習得しました。でも、それだけではなく、できないと思う気持ちを乗り越えてその先にチャレンジすること、全力で打ち込めばきっと満足いく結果が得られるということを学びました。それが、今の自分の糧となっています。社会に出てさまざまなことに対応する準備ができたのです。

RISDでテキスタイルを学んでいた頃。大学には大きな織り機があり、3年間、私専用で、手織りのクラスで使わせてもらっていました。

＊4
Pollack
（ポーラック）
1988年に設立。ラグジュアリーなテキスタイルデザインを手がけるニューヨークのブランド。さまざまな素材や技法を駆使した布地で、室内装飾品や家具の張り地など幅広く展開。

第2章

テキスタイルデザイナー時代

ニューヨークで暮らし始める

1999年2月、RISDでBFA（美術学士）を取得し、クリスとともにすぐにニューヨークへ向かいました。クリスはその頃、独立を視野にさまざまな経験を積んでいました。クリスも私も、自分たちが学んだ分野で仕事をできれば、職種や勤務地はどこでもよかった。ニューヨークを選んだのは、どこよりも仕事がありそうだったから。

将来の具体的なビジョンなんてまったくありません。毎日をどう生き抜くかに必死でした。実際のところ、私は将来について深く考えたり、明確なビジョンを描いたりするタイプじゃない。考えられるのは、せいぜい2、3カ月先のこと！

クリスと私は初めていっしょに暮らし始めました。何もかも未経験のことばかりで、さまざまなハプニングもあり、暮らしが目まぐるしく変化したときでした。

私たちの予算に見合う最も安いアパートは、ブルックリンのグリーンポイント地区でした。当時、そのエリアに住んでいるのは99.9％、ポーランド人。ストリートでも食料品店でも、英語を話している人はだれもいない。家が地下鉄の駅からかなり遠かったせいで、ブルックリンでの初めての暮らしはとても孤独でした。お金もなくて、給料ギリギリのその日暮らし。両親からの援助も、貯金も、何一つない。ただ働くのみ、という生活。

そんな殺伐とした暮らしも、友人たちがブルックリンに移り住み、2000年にウィリアムズバーグに引っ越した頃から少しずつうまく回り始めました。その頃のウィリアムズバーグは、イタリア人が多く住む地区で、小さな独立系ショップが出始めた頃でした。

2003年から住んだプロスペクトハイツで。2011年、クリス、愛犬のパコと。

織物工場の会社で働き始める

求人があった職種といえば、織物でインテリアテキスタイルという特化した分野。私は織物工場でキャリアの一歩を踏み出しました。会社はサプライチェーンでは製造工程を担っていて、生産した織物を仲買人に卸していました。仲買人は商品をショールームに展示し、インテリアデザイナーやデコレーターに販売する。デザイナー

* 5
サプライチェーン
製品が消費者の手元に届くまでの、原材料や部品の調達、製造、在庫管理、配送、販売、消費までの一連の流れのこと。日本語では「供給連鎖」といわれている。

やデコレーターは個人の顧客や商業クライアントに売る、という流れでした。工場はニュージャージー州にあり、主に室内装飾用のインテリアファブリックを織っていました。ニューヨークシティにデザインオフィスがあり、そこが私の職場でした。

16歳からいろいろな仕事をしてきましたが、専門知識を生かした仕事に就いたのは、ここが初めて。今までの職場でお手本となる人はたくさん見てきたけれど、このジャンルの人はいませんでした。

私の主な仕事は、顧客の依頼に基づいて生地デザインの配色見本をつくることでした。配色見本は、経糸と緯糸を組み合わせます。織り機は使わず、デザインファイル上の作業です。あらかじめ決められた経糸の配列に緯糸を組み合わせると、さまざまな色が配置された市松模様ができる。それを配色ごとに切り分けていくつかの見本を用意して、顧客に提案し、選んでもらうのです。

仲買人や顧客の意見を聞いて形にしていくことが私の主な役割で、グラフィックデザインやコンセプトを考えるといったデザインワークではありません。それでも、織物ファイルを作成するデザイナーと密に仕事ができたので、生産に関する基礎を習得することができました。

短期間で多くのことを身につけましたが、上司と合わず、ストレスを感じる日々。状況が好転したのは、デザインディレクターのマイケル・クックの部下になってから。マイケルはチャレンジャーで、無理難題をふっかけるかなり手ごわい上司でしたが、彼から学んだことは大きかった。彼は私のロールモデル（お手本）となり、メンター（助言者）となりました。プロとしての礎を築くことができたのは、彼のおかげ。心から敬愛しているし、いっしょに働けたことを本当に感謝しています。以来、ずっと親密な関係が続き、今では大切な友人です。

織物工場での仕事は、キャリアのスタートとしては十分でした。業界についての幅広い知識が得られた5年間、

さまざまな業界の顧客と仕事をしたことで、いろいろな会社について学ぶことができました。

顧客先への出張や国際的なトレードショーへの参加も、うれしかったことの一つ。知識と経験が広がり、多くの同僚や顧客と親密な関係が築けました。人脈を広げるという意味では、とてもラッキーでした。

インドが拠点の織物工場で働く

2004年に、インドに生産工場をもつ織物会社に転職しました。仕事内容は前職と似ていますが、実際の業務はずいぶん違います。前職で経験したあらゆる業務に加えて、より確固としたテキスタイルデザイナーの仕事へとシフトしていった時期でした。

年に2回、インドに行き、1カ月間過ごす。滞在中はインドのチームと共同でファブリックを開発。出張に先立ち、ドローイング、コンセプト、レイアウトなどを準備し、休む暇なくウィーブマスター（織物主任）と二人三脚で、リアルタイムでコレクションを制作しました。

インドの工場で生産される製品は、インテリアの織物に特化し、材料は主に絹糸。とても美しかった。糸を紡ぎ、染め、織るという、織物を仕立てるすべての工程を同じ工場で行います。ベルベット（ビロード）用の織り機もあり、非常に薄い生地も手がけていました。

この経験のおかげで、仕事の基盤と多種多様なテキスタイルの生産においての知見が劇的に広がりました。何よりうれしかったのは、仕事内容の責任と負担が増えたことで信頼され、クリエイティブな自由が与えられたことでした。もちろんチャレンジだったけれど、報酬と達成感は格段によくなったのです。

8年もの間、ここで働くことができて本当に幸せでした。ブルックリンの生活も改善され、クリスと私はアパートを購入し、2004年に結婚しました。すばらしい

テキスタイルデザイナー時代のインド出張時に訪れたバンガロールの風景。きれいな装飾を施された牛の姿にひかれました。

友だちにも恵まれ、暮らしは順風満帆。旅行を楽しみ、何カ月もインドで暮らす生活は、最初の数年は信じられないほど快適でした。インド滞在中には、さまざまな土地にも足を延ばし、数多くの絶景にも遭遇。どの景色も深く記憶に刻まれ、忘れられない場所になっています。

"Sea and Match Game" をつくる

その頃、友人の多くは子育ての真っ最中。彼らの子どもに、大好きだったMemory（メモリー）というカードゲームを買ってあげようと思い立ちました。でも、悲しいことにそのゲームは、デザインも色も子どもの頃に親しんだものとは様変わりしていたのです。そこで、海をテーマに手刺繡でつくってみようと思いつきました。趣味の範囲とはいえ、手刺繡は物心ついたときから、ずっと慣れ親しんできたもの。カードは、海の生物をAからZまで2枚ずつつくろう。全部で52枚です。

2007年の春、インドに出張したときのこと。寝つけない夜が続いたため、その時間を利用して手刺繡のカードをつくり始めました。数週間後、手刺繡はとてつもなく時間がかかる作業だと痛感。なにしろ52個の手刺繡カードに、ケースまでつくるつもりだったから。手刺繡をプログラム化して、ミシン刺繡のように仕上げる方法はないものか。テキスタイルデザイナーとして、大量生産できるミシン刺繡の存在は知っていましたが、手刺繡っぽく見える刺繡用のミシンなんて見たことない。

ある日のこと。マーサ・スチュワートの雑誌を見ていたら、マーサのソーイングルームが載っていて、たくさんのミシンが写っていました。記事には刺繡ができるミシンとは書かれていませんが、ピンときたのです。私が求めているミシンはこれだって！

それからリサーチを開始。友人のお母さんが刺繡用のミシンを持っていると聞けば、見せてもらいに行きまし

た。そして、ついに高性能な刺繡用のミシンを見つけ、購入したのです。それは10,000ドル（日本円で100万円以上）でとても高価なもの。分不相応な金額だということはわかっていました。だから、この出費したお金をとり戻す方法も考え出すことを誓いました。そうすれば、気が引けることはないと思って。

急いでこのミシンの使い方を独学で覚え、カードゲームを仕上げました。これが、刺繡用ミシンで仕上げた最初の製品、"Sea and Match Game"です。10セット弱つくり、4、5セット販売しました。

ミシン代を稼ぎ出すためには、さらに売れるものをつくらなければなりません。ゲーム用に考えた海をテーマにしたデザインを、何か簡単に制作できるものに活用することを考えました。たとえば、ベビー用のワンジー（ボディスーツ）とか、リネンのナプキンとか、ピローとか。裁縫はまったく得意ではなかったけれど、長方形のピローならつくれるだろうと思ったのです。

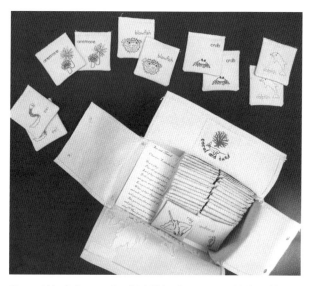

"Sea and Match Game"。カードを収納するケースはサイズを測って制作。

*6
Memory
裏返したカードを2枚めくり、同じ絵を探すゲーム。2枚とも同じ絵が出たらカードがもらえ、最後にカードが多い人が勝ち。日本では「神経衰弱」ともいわれる。

Coral & Tuskのロゴの変遷。左から年代の古い順で、珊瑚とイッカクの配置が変化。一番左はほとんど使っていません。

Coral & Tusk の誕生

2007年12月26日、法人証明書を取得し、ニューヨーク州のブルックリンでLLC（エルエルシー）を設立しました。サイドビジネスを始めることを決めた瞬間です。

ブランド名を決めるにあたり、2つのことが頭にありました。1つはロゴのアイコンをブランド名とマッチさせること。もう1つは幸運を呼ぶものにすること。

オーシャン（海）をテーマにした製品から始まったので、海にまつわる言葉を使おうと考えていました。コーラル（珊瑚）が大好きだった私は、海にとって何が不可欠な要素なのか、ひいては私たちの地球にとって大切なものは何なのかを、ずっと考えていました。

そんなある日、ナーヴァル（日本語では「イッカク」。北極洋に生息する小さなクジラで、雄は牙が進化して一本角）を知ります。母が教えてくれました。今まで聞いたことがない動物で、最初は冗談かと思いました。でも、不思議なことにそれ以来すっかりナーヴァルに魅了されてしまったのです。一角獣の牙はナーヴァル・タスクといって、幸福のシンボル。これはいい。「タスク（牙）」のみにした理由は、特定の動物の名前ではなく、なじみのある体の部位にしたいと思ったから。

コーラルもタスクも縁起がよいもの。最終的にその2つを選び、私たちのブランド、Coral & Tusk（コーラル・アンド・タスク）が誕生したのです。

モットーは「楽しむこと」

そもそも起業して自分自身の会社を設立し、そこでフルタイムで働き、オーナーになろうなんて考えていなかったのです。多くの人はだれかのために働くのではなく、独立したい、という思いで起業する。でも、私は自分を信じて自らに投資することには消極的でした。

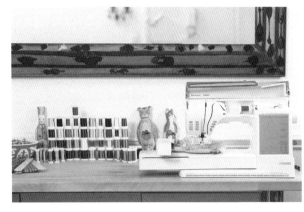

創業期に使っていた Husqvarna（ハスクバーナ）の刺繍用ミシン。

そんな調子だったので、会社のビジョンやミッションといった類いのものも明文化していません。始めた当初はなんのプレッシャーもなかったので、形式ばったものは何一つなく、ごく自然に物事は進んでいきました。強いてモットーをいうのなら、それは楽しむこと。そして、人々に愛されるものをつくり、それによりみんなが幸せになってもらえたら、ということでした。

会社をおこし、ブランドを立ち上げたからには販売をしなければなりません。頭をよぎったのは憧れのショップで自分の製品を売ることでした。それと雑誌に掲載してもらうこと。憧れのショップは、ニューヨークにある「Acorn Toy Shop（エイコーントイショップ）」「John Derian（ジョン・デリアン）」「髙島屋」の3店舗です。

実際のものづくりは、デザインと同じくらい、とても自由でした。今まで携わったテキスタイルデザインは、生地のリピートやサイズ、構成など、とても制約が多い仕事。しかもデザインするのはクライアント用で、製品の一工程を担っているにすぎません。

自分のブランドとして、自らデザインし、製品として完成させ、それを愛用する人々に直接、販売する。その一連のプロセスは、まったく違う次元の喜びでした。

＊7
LLC
（エルエルシー）
リミテッド・リライアビリティ・カンパニーの略。会社としての永続性・有限責任を維持しながら連邦法人税を回避できる法人。

＊8
Acorn Toy Shop
（エイコーントイショップ）
2004年にブルックリンにオープンしたトイショップ。クラフト感があり、知育にも役立つおもちゃや子ども服などを販売している。

＊9
John Derian
（ジョン・デリアン）
デコパージュアーティストのジョン・デリアンが1989年に設立。ニューヨークのマンハッタン、イーストヴィレッジに直営店がある。

第 3 章
Coral & Tusk 創業期

スタートアップの立ち上げ資金とスタッフ

　スタートアップの資金援助や融資はいっさい受けていません。運営資金はすべて自分自身が稼いだお金。2007年に創業後、最初の数年間は自分の給料は貯金し、そこからスタッフ1名の給料や運営コストなどを捻出していました。

　創業当時から一番のアドバイザーは、夫のクリス。会社設立、価格設定、保険など、気が遠くなるくらいめんどうな仕事をすべてサポートしてくれました。ビジネスオーナーとして私は知識も経験もゼロ。だから、ビジネスに精通しているクリスが私を支えてくれたことは、本当にありがたかった。Coral & Tusk というビジネス基盤を築けたのもクリスのおかげです。

　2011年、Coral & Tusk の初めてのスタッフとして、オリヤ・クレイクロフトを迎えます。オリヤは私がフルタイムの仕事をしていたとき、ブルックリンのアパートで仕事をしてくれた人。昼間彼女がアパートへ出社して働き、夜は私が戻って仕事をする。そんな毎日でした。オリヤだけでなく、インドの会社で同僚だったユクティ・グプタも創業時から支えてくれたメンバー。彼女は生産業務を一手に引き受けてくれました。

クラフトショーとブルックリンフリー

　2008年夏、最初に参加したのは、ある学校で開催されたクラフトショーです。1日か2日間のショーで、場所はマンハッタンのアッパーイースト。クリスとオハイオ州に住んでいた私の母も手伝いに駆けつけてくれまし

た。ところが、何一つ売れなかったのです。家路の足どりは重く、涙が止まらない、とても悲しかった。

　1週間後に参加したブルックリンフリーでは、一転して大好評。いろいろなものが売れたのです！　この頃の製品デザインは、とてもシンプル。刺繍とはいいがたい、小さくて、線画のようなイラストでした。描いていたものは動物ばかり。刺繍を通して物語を語ることが楽しくて、どこかおもしろおかしいディテールをつけ加えたりするのも好きでした。

　刺繍デザインのサンプルブックをお客さまに見せて、ほしいものを聞き、つくる製品を提案したりもしました。たとえば、昔パリで見つけた素敵なリネン生地に刺繍を施したナプキンを気に入ってくれたお客さまに、「同じファブリックがあるので、ほかの刺繍デザインを選んで別のナプキンもつくれますよ」と。そんな調子で、お客さまに直接販売する経験を積み上げていきました。

　お客さまの反応は上々。多くの人が喜んでくれて、私たちがつくるものを好きになってくれました。にっこりほほ笑んだり、笑ったり。それはまるで、私たちの製品がお客さまに幸せをもたらしているかのようでした。幼い頃の思い出や郷愁——私たちがつくる製品はそんな感

ブルックリンフリーの出店風景。2009年4月のフォートグリーン。

＊10
ブルックリンフリー
2008年から始まったフリー
マーケット。ブルックリン
のチェルシーとダンボの2
カ所で週末に開催。Coral
& Tusk が出店していた頃は、
フォートグリーンで開催。

ブルックリンフリーの出店
風景。2009年4月のフォー
トグリーンです。開けた駐
車場がマーケットの会場に
なっていました。

情を喚起させるものだったのかもしれません。

　手ごたえを感じ、撮影会も企画。友人の子どもをモデルに私が撮影するようなカジュアルなスタイルだったけれど、グラフィックデザイナーの友人に頼んでポストカードを作成し、お客さまや雑誌社へ送りました。さらにブログでも発信し、興味のあるクラフトフェアにも出向きました。売り上げはそれほど上がらなかったけれど、ものづくりに邁進し、それが本当に楽しくてしかたない。2008年はそんな1年でした。

ブルックリンフリーで幸運が訪れる

　2009年の夏、ブルックリンフリーに古くからの隣人がやってきて、アニバーサリーパーティーに招待してくれました。場所はブルックリンのフランキーズ457。彼女の友人には、憧れのショップ、エイコーンのオーナーがいます。彼らがパーティーに来るかもしれない。私は大胆にも自作の"Sea and Match"を携えてパーティーへ向かいました。すると本当にエイコーンのオーナーが来て、"Sea and Match"を気に入り、商談の機会をつくってくれたのです。こうしてエイコーンはCoral & Tuskにとって最初のお店となりました。夢が叶ったのです！

　オーナーのひとり、カレン・シェーファーは、すばらしいアイディアと方向性を授けてくれました。しかも彼女は、私の憧れショップのオーナー、ジョン・デリアンと旧知の仲だった！　この縁をきっかけに、のちにジョン・デリアンともつながりができ、ブランドを生き永らえさせ、成功へと導いてくれたのです。

　創業から早い段階で、「エイコーン」「Sweet William（スイートウィリアム）[*11]」「Estella（エステラ）[*12]」というハイセンスなベビーグッズやおもちゃを扱う理想的なライフスタイルショップがCoral & Tuskを扱ってくれたことが、認知度を高めるあと押しになりました。

多忙ながらも充実していた創業期

　創業から最初の3年間（2007〜2009年）はジェットコースターのようでした。多くのすばらしい瞬間、信じられないくらいの幸運に恵まれました。売り上げは多くなかったけれど、テキスタイルデザイナーの仕事をしていたので、Coral & Tuskで稼がなければならない、というわけでもありません。一日中外で働き、家に戻ってから朝の3時、4時までCoral & Tuskの仕事をして、翌日また仕事に出かける。そのくり返しでした。社交的な活動をする余裕もない。なにしろ最初の数年間は、Coral & Tuskの製品はたったひとりで1つずつ、ひたすらつくり続けていたのだから。

　どうやっていいのか検討もつかないことも次々と起き、そのたびにそれをやり遂げるために自分を追い込む。その結果、多くのことを学びました。

　多忙をきわめながらも、多幸感に満ちていた日々。ゼロからつくった製品を愛おしそうに手に抱えた人々を見ること、その幸せな瞬間が私を支えていました。

Playtimeに出展

　エイコーンの影響もあり、赤ちゃんや子ども向けの製品を多くつくっていたので、2010年、Playtime（プレイタイム）というキッズブランドが集まる展示会に参加することを決めます。開催場所はニューヨークです。

　Playtimeには、当時からニューヨークで注目されていた子ども服ブランドMAKIÉも出展していて、そのオーナーがCoral & Tuskに興味を示してくれました。そのことがきっかけとなり、ほかのブランドの人たちもCoral & Tuskに関心を寄せてくれたのです。手ごたえはあったものの、実際の受注数は工場生産できるロット数には達せず、私のミシンで1つずつ制作せざるを得ま

＊11
Sweet William
（スイートウィリアム）
ベビーベッドや刺繍入りの寝具など、洗練されたベビー用品を扱うショップ。ニューヨークをはじめ、アメリカ国内に店舗を展開。

＊12
Estella
（エステラ）
環境に配慮したおもちゃやオーガニックコットンを使ったベビー服などを扱うショップ。2002年にニューヨークにショップをオープン。

2010年の Playtime での Coral & Tusk の出展ブース。

ピローをメインに子ども服やバッジ、アートワーク、ステーショナリーなど。ショップバイヤーやほかの出展者の反応は、たいへん好意的でした。

「ここ数年見たなかで最も新鮮！」
「とってもクリエイティブ！」
「おもしろい！」

あまりの賛辞にただ呆然としたほど。まるでよいことしか起こらない夢のなかにいるようでした。たくさんのオーダーをいただき、すばらしいショップとの取引も始まったのです。

せんでした。オーダーがうれしい半面、制作がとてもたいへんだったのを覚えています。

この展示会に参加したことで、ニューヨーク以外にも販路が広がりました。海外からもオーダーが入るようになり、カナダを皮切りに、フランス、日本、オーストラリアへと出荷が始まりました。

NY NOWに出展

2011年の秋、NY NOW（ニューヨーク・ナウ）に初めて出展しました。ニューヨークシティの大型複合施設、ジャヴィッツ・センターで開催される大きな展示会です。全体的にはパリのMaison & Objet（メゾン・エ・オブジェ）ほどには洗練されていなくて、安価なギフトアイテムからハイエンドのブティック製品まで、ありとあらゆるものが出展されていました。

その頃、Coral & Tusk では、メインターゲットを子ども向けショップからホームのバイヤーへシフトしようとしていました。ビジネスを成長させていくためには、この展示会に出展し、成功しなければなりません。

初出展時はさまざまなアイテムを持っていきました。

フルタイムの仕事を辞める

NY NOWに出展して明らかになったのは、私たちの製品は唯一無二の特別なものだということ。Coral & Tuskが会社として独り立ちできるかどうかを、私は見極めました。自分たち自身が興味をもち続けられるか、顧客を開拓できるか、量産してやっていけるかどうか。

たとえ独り立ちできても、テキスタイルデザイナーとしてのキャリアや仕事を失うことは、とても怖かった。独立して、失敗してしまうかも、と。もし、独立してうまくいかなかったら、テキスタイル業界に戻るしかない。でもそれは今まで築いてきた地位や居場所を失い、スタート地点に逆戻りすること。

同時に、新しいビジネスは、自分の力を100％注がなければ成功しないこともわかっていました。8年間に及ぶインドの工場での仕事では、キャリアとしてはやりきった感はあったし、その先にワクワクするよう新しいチャレンジがないことも察していました。
ええい、思い切って飛び込んでみるか！

これは、私が今までに下した決断のなかで、最大にして最強の決断。2012年10月1日、私はついにフルタイムの仕事を辞めたのです。

2012年のNY NOWに出展したときのCoral & Tuskのブース。ピローやインテリアフレームなど、ホームプロダクトを増やしました。

＊13
NY NOW
（ニューヨーク・ナウ）
1927年に始まったニューヨーク国際ギフトフェアが母体の展示会。ライフスタイルのブランドが集まる。ニューヨークで年2回開催。

＊14
Maison & Objet
（メゾン・エ・オブジェ）
1995年にフランス・パリで始まった世界最高峰のインテリア＆デザインの国際展示会。インテリア業界の「パリコレ」とも呼ばれる。

第4章
ブルックリン時代

初めてのオフィス

2012年10月、Coral & Tuskに専念する生活が始まります。オフィスも借りました。新オフィスはブルックリンのウィリアムズバーグ。

2012年当時、ウィリアムズバーグは人気が出る前で、ブルックリンのなかで貸し物件が一番多かった地域です。新鮮で、エキサイティングで、エネルギッシュ。多くのアーティストや工房、すばらしいレストランが点在し、生き生きとした活気にあふれていました。

新オフィスはとても美しいオープンスペースで、ブルックリンのスタジオとして理想的でした。大工さんとともにいくつかの造作を行い、小さなショールームのスペースをつくり、真ん中には大きなセンターテーブルを置きました。窓から外を眺めると、鉄道橋を走るサブウェイが見える。ここで働ける幸せをかみしめました。

ウィリアムズバーグのスタジオは、オフィス兼作業をする場所。

ウィリアムズバーグのスタジオ、私のデスクコーナーです。壁のインスピレーションボードは、この頃からずっと行っていました。

ポップアップショップと Maison & Objet

2014年5月、オフィスと同じ建物の1階にある空き店舗で1カ月間ポップアップショップを行う機会に恵まれました。私がセレクトした選りすぐりのデザイナーの製品とともにCoral & Tuskの世界観を打ち出し、私たちが目ざすライフスタイルを提案したのです。まっさらなスペースは、魔法のような体験ができる夢の空間に変わりました。25名を超えるデザイナーやメーカーを率いて、刺激的な場づくりや、独立したデザインコミュニティーを支援する。それはずっと、私の夢でもありました。ローンチパーティーを皮切りに、ポップアップ期間にさまざまなイベントを開催しました。

できることなら、次のステップとして実店舗があったらどうなるか、試してみたかった。当時、ブルックリンには魅力的なブランドがたくさんあり、そういったブランドとつながる機会もつくりたかった。そんな思いもあったけれど、ポップアップを終えてわかったのは、実店舗の運営には、それまでのスキルとはまったく別のオペレーションが必要だということ。それは当時の私たちに必要なステップではないということでした。

2014年は、フランス・パリで行われるトレードショー、Maison & Objetに出展しました。Maison & Objetは前職で何度か訪れていて、いつか自分のコレクションで出展したいとずっと思い描いていた憧れの展示会。Coral & Tuskとして、アメリカ以外の展示会に出展した初めての経験でした。

長年の願いが実現したのはうれしかったけれど、残念ながらNY NOWのような成功にはほど遠かった。海外出展ということで、クッション1つとっても準備がとてもたいへん。その一方で、私たちの製品を、ウェブサイトを通じてヨーロッパから購入してくださる小売りのお客さまが感じる不便さを、身をもって体験しました。

2014年5月。1カ月間開催したポップアップショップの様子。

インドで工場を探す

　創業から約4年間は、刺繍用ミシンでの制作をメインに、ベビーブックなど製品の一部を、前職でともに仕事をしていたユクティに頼んで、インドの刺繍工場で生産していました。製品を量産するため、ニューヨーク近辺の工場を何社かあたりましたが、なかなか信頼できる相手には出会えません。根気強く探した結果、アメリカで生産するのは不可能だという結論に達しました。

　アメリカが無理ならインドはどうだろう。ユクティに、インドでCoral & Tuskの製品をつくってくれる工場をいっしょに探してくれないかと相談しました。私たちの希望は、20デザインくらいを各12か24個ずつつくるような、小ロット生産に対応してくれる工場です。

　ユクティの力を借りて、工場探しが始まりました。最初に訪ねたのは、かつて小さなプロジェクトでともに仕事をした工場。残念ながらCoral & Tuskのロット量は彼らの工場には小さすぎました。でも、代わりにほかの工場を紹介してくれたのです。「車を道の突き当たりに停めて、歩いて道を進み、途中で右に曲がる。さらに進むと、ドアが開いているガレージが見えるよ。そこが刺繍の工場だ、彼に相談するといい」と。

　その小さな刺繍工場の主は、私たちの仕事を引き受けてくれました。彼が刺繍職人のビジュ。私たちの発注量の少なさが幸いし、ビジュの生産スケジュールに組み込めたのです。私たちのインドでの生産が始まりました。

　インドの工場で使われている刺繍用の機械は、大きくてフラットで、長い用尺をセットできるもの。このタイプはアメリカには存在しません。アメリカで唯一ある刺繍用の機械といったら、刺繍枠に収まるサイズで、Tシャツやユニフォーム、野球帽、タオルなどのロゴ用。私たちの製品は、中国かインド、メキシコあたりでつくるべき代物だったのです。インドの工場で生産するのは理にかなっている。本当にラッキーでした。

　年月を重ね、私たちの製品の需要が増えていくと、ビジュは刺繍の機械とオペレーターを増やし、フルタイムでCoral & Tuskの仕事に専念するチームを組織しました。生産量の増加に伴い、裁断や縫製の必要性が高まると、ユクティは職人を束ねるマスターテイラーと連携して、Coral & Tuskの仕事に専念してくれるようになりました。彼女は布の仕入れから、刺繍の製作、裁断と縫製、品質管理まで、生産管理のすべてを監督。テキスタイルデザイナーでもあるユクティは、デザインのあらゆる問題の相談にも乗ってくれました。願ったり、叶ったり。まさに彼女は私の右腕です。インドでは、刺繍職人のビジュをはじめ、現地の人たちと一歩ずつ信頼関係を築いていきました。

　心がけていたのは、一貫性をもって依頼すること。安心して仕事ができるように継続的に仕事を発注すること。ハードワークや仕事内容に対して感謝の意を示すこと。彼らのたゆまぬ努力が私たちの成功に大いに貢献していると伝えること。もちろん、そのすべてにおいて、現場監督としてのユクティの明確で強いリーダーシップに負うところが大きいのですが。

*15
マスターテイラー
高い技術を持った仕立て職人であり、チームをまとめる役割も果たす人。Coral & Tuskの仕事では、刺繍を施した布を製品用に切り分ける重要な役目を担う。

日本との関係

日本への販路のきっかけは、アッシュ・ペー・フランスです。その当時、社長だったタカ（村松孝尚）は、ジョン・デリアンやアスティエ・ド・ヴィラットと長いつきあいのあるバイヤーでした。彼は頻繁にニューヨークにやってきて、そのたびにジョン・デリアンの店に立ち寄っていました。そんなある日、タカがCoral & Tuskの製品に興味を示してくれたのです。タカ自身が発見したのか、ジョンがすすめてくれたのか、定かではありませんが。2011年のことでした。

その頃はまだCoral & Tuskのオフィスはなく、タカとアッシュ・ペーのメンバーは、私が住む小さなアパートにやってきました。その頃つくっていたほぼすべての製品を見てもらうために。今となっては笑い話ですが、ベッドやカウチ、デスク、キッチン、床……、手狭なアパートは製品で埋め尽くされました。こうしてアッシュ・ペーでの販売がスタートし、時を重ねながら強固な関係を築いていったのです。

ドラスティックな変化が起こったのは、2013年からCoral & Tuskに加わったアスミ（冨田明日美）が、のちに日本の取引先と直接やりとりをし、その関係を深めていってから。2015年、アスミは初めて私を日本に連れていきました。彼女のおかげで想像していなかったチャンスが次々と舞い込みます。驚きの連続でした。

主要取引先であるアッシュ・ペーの担当者がユリコ（青木由里子）になってから、さらに加速しました。彼女は精力的にCoral & Tuskの日本での露出の機会を増やし、次々とマジックを起こしていったのです。

アスミとユリコはタッグを組んでブランドの認知度を高め、販売を拡大するために、創造的で前向きな施策を山ほど考え、戦略化し、実施しました。ふたりがいなかったら、今日のCoral & Tuskは絶対にありません。このおかげで、よりブランドとして成長し、信じられないくらいすばらしいことがたくさん起きたのです。

fog linen workのユミコ（関根由美子）との出会いも、その一つ。2015年のことです。私たちはすぐに打ち解け、とても親しくなりました。訪日時には彼女の美しい家に泊めてくれたり、おいしい食事をごちそうしてくれたり。東京・下北沢にあるfog linen workで、展示会やワークショップまで開かせてもらいました。尽きることのないおしゃべり、的確なアドバイス……。私たちがつくるものに対する彼女の信頼とサポートは挙げたらきりがありません。日本市場だけでなく、Coral & Tusk全体の成功のために惜しみなく手をさし伸べてくれました。

もうひとりのキーパーソンは、アサコ（上野朝子）。彼女はPlaytime初出展時にCoral & Tuskの製品を購入してくれて、そのあとも計り知れないほどサポートしてくれました。アサコがニューヨーク在住のエディター、アキコ（市川暁子）を紹介してくれると、アキコがインテリアスタイリストのカナエ（石井佳苗）と漫画家のヨリコ（ほしよりこ）を紹介してくれた。アサコはその後、俳優のユリコ（石田ゆり子）ともつないでくれました。ヨリコと出会ったことで「猫村さん」との、ユリコと出会ったことでハナコプロジェクトとの、夢のようなコラボレーションが実現していきました。

2019年5月の訪日時。fog linen workで開いたワークショップの風景。

*16
アッシュ・ペー・フランス
1984年に創業した、ファッション、ライフスタイル、アートなど、生活と文化に関わるアイテムを扱う会社。小売り、卸売り、企画生産、合同展示会などを行う。

*17
アスティエ・ド・ヴィラット
パリにショップとアトリエを構え、ハンドメイドでつくられる白の陶器を中心に、香料製品やステーショナリー、家具を展開しているブランド。

*18
fog linen work
東京・下北沢のライフスタイルショップ。毎日の暮らしに役立つオリジナルデザインのリネン類、リネンのウエア、バッグ、シンプルな生活雑貨を扱っている。

2015年12月の訪日時。東京・世田谷の豪徳寺で出会った招き猫に感激。パコとゴバンのポケットドールといっしょに撮影しました。

第5章
Coral & Tusk のものづくり

毎年のコレクション

　2010年から Playtime、2011年から NY NOW と、バイヤー向けの展示会に出展するようになると、私たちのものづくりもそれに合わせて毎年2回、春夏（SS）と秋冬（FW）のコレクションをつくるようになりました。

　製品づくりは、テーマを決める、スケッチをしてデザインを考える、刺繍ファイルを作成する、インドで生産する、といった流れで進んでいきます。

　コレクションのテーマを考え始めるのは、卸先のお客さまに発表する9～12カ月前。私のなかでテーマがまとまったら、スタッフとデザインミーティングをします。テーマが決まると、次はスケッチ。だいたい1～2カ月くらいかかりますが、コレクションにより異なります。スケッチが無事に終わると、再びスタッフとミーティングをします。今度は製品のタイプを決める話し合いです。ピローにするならどのサイズがよいか、テーブルリネンだったらどのデザインをテーブルランナーにして、どのように柄をリピートするかなど。

　製品のタイプが決まると刺繍ファイルの作成に入ります。こちらもだいたい1～2カ月。ファイルの作成が終わったら、インドの工場にファイルを送り、サンプルづくりが始まります。この期間も1～2カ月くらいです。

　サンプルがワイオミングに届き、デザインの変更や問題がない場合は、ブルックリンのオフィスに送り、できるだけ早いタイミングで撮影に入ります。実際の家で行うライフスタイル写真の撮影は、サンプル到着から約1カ月弱で行います。

　コレクションを発表する時期は、年によって数カ月の違いがあります。2022年を例に説明すると、春夏コレクションは、デザインミーティングが2021年6月頃、卸先のお客さまへの発表がそれから約半年後の2022年1月。秋冬コレクションは、デザインミーティングが2022年2月頃、卸先のお客さまへの発表が同様に約半年後の2022年7月でした。秋冬は、収穫やスキーといった季節テーマのコレクションに加えて、クリスマスコレクションもつくるので、春夏よりボリュームが多く、その分時間がかかることもあります。

　発表後1～3カ月後のタイミングでお客さまへ発送します。製品のタイプによっては発送時期が異なるものもあります。たとえば、バレンタインアイテムはひと足早く1月に発送、クリスマスアイテムはハロウィーンより後の発送といったように。小売りのお客さまへの発表は、その季節のイベントに合わせて行います。

コレクションのテーマ

　テーマの元となるアイディアは、何年も前から考えていたものから、そのときに思いついたものまで、1つのコレクションのなかでもさまざまです。常にデザインのことを考えているので、雪深い日は自然と暖かい場所に想いを巡らせます。2017年に発表した砂漠をテーマにしたコレクションはその一例です。

　毎年つくるクリスマスコレクションは、まずどんなクリスマスシーンを描くかを決めます。過去に人気だった Coral & Tusk のデザインを参考にしたり、自分のなかにあるアイディアを元に絞っていったり。

　クリスマス以外は、スタッフと相談しながらテーマを考えていきます。秋だとハロウィーン、紅葉、フルーツ狩り、収穫。冬だとスキー、雪遊び。ある程度の枠組みはありますが、それにとらわれることなく、自分の旅や経験、見てきたものがインスピレーションになります。

インドの工場からサンプルが届いたら、色みや刺繍の細部をチェック。アトリエの壁に貼って全体のバランスをチェックすることも。

上／スケッチの数々。紙の大きさはまちまちです。

下／2014年のボタニカルシリーズの製品とスケッチ。スケッチでは輪郭だった部分も刺繍ファイルの段階で細部まで描き込みます。

テーマを考える際、必ず行っているのが、前年度、あるいはもう少し前のコレクションの振り返りです。お客さまの反応、売り上げ、人気アイテムなどをチェックして、どのようなアイテムを追加すべきかを話し合います。

アイディアを形にするスケッチ

スケッチは、デザインのなかで一番好きな段階です。紙にシャープペンシルで描いていきますが、スキャンをするのでスケッチブックは使っていません。どんな紙でもよくて、裏面に何か書かれているものでも大丈夫。1つの絵から大体3〜4点製品化します。製品のデザインは、すべてこのスケッチから始まるのです。

考えてきたことをビジュアル化する瞬間は、やっぱり楽しいもの。この工程がおもしろいことの一つに、ほかの人には何を描いたのか理解できないような30秒で仕上げた絵でも、自分のなかで完成形を鮮明にイメージできたスケッチという意味では、私にとっては上出来！と感じることがあるからです。

スケッチはまず、自分の描きたいストーリーを絵にします。登場するのは、動物や植物がメイン。どの動物に

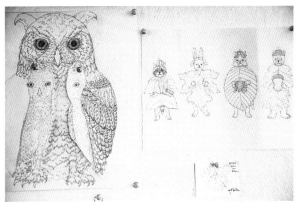

2022年の秋冬コレクションのために描きました。近年中に製品化の予定。

するかは、ストーリーやキャラクターに合わせて変わります。たとえば、ちょっと遊び心のある絵のモチーフにしたいときは、キツネやクマなどを選びます。2本足で立って、まるで人のように洋服を着て、楽しそうにしている姿が想像できるからです。一方、シカは4本足で動き、立ち上がることはなく、キツネやクマと同じような姿は浮かびません。そしてそれぞれの動物が何を持って、何をしていたら楽しいか、想いを巡らすのです。そうやって描いた一つ一つがモチーフとなります。

同じようなスケッチでも6時間で仕上がるときもあれば、2日かかるときもあります。私も人間なので、スムーズに進むときもあれば、そうでないときもある。制作意欲が湧かないときも、もちろんあります。そういうときはいったん作業から離れ、近くの景色を楽しみ、エクササイズをします。会計業務や在庫管理など、デザイン以外の業務をすることも。

自分の気持ちを大切にして、リフレッシュする時間を経て、デザインに向き合うタイミングを待ちます。そして創作できそうという気持ちになったら再開します。

刺繍ファイルづくり

刺繍ファイルをつくる段階では、刺繍のステッチを決めるだけでなく、糸の色も同時に選んでいきます。思ったようにデザインを表現できているか、色はちゃんと選べているか、刺繍の表現はベストか、など、考えなくてはならない大事な要素が多いのがこの段階です。

どのようにファイルを構成するかで、その後の製品づくりに関わるスタッフの作業時間が変わってくるので注意します。刺繍糸がモチーフ間で飛びすぎると、刺繍をしたあとの糸処理に時間がかかり、スタッフの作業時間も増え、コストも上がってしまいます。

アトリエではポッドキャスト（ラジオ）をよく聞きま

2021年のブルームコレクション、"Butterflies and Blooms Pillow"のスケッチ。中央の花と蝶はこの段階で細部まで描き込みます。

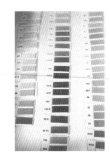

刺繍糸のサンプル帳。黄・オレンジの同色系でも多くの糸があります。微妙な色の違いから、これだという色を選び出していきます。

刺繍ファイルの制作。専用のペンで一本一本、ステッチを描いています。

す。選ぶテーマは健康や動物、環境など。デザイン作業に没頭しているときでも、クリスとの時間、犬や鶏たちとふれ合う時間はふだんと変わりません。私の場合、自分の目に入るものが記憶に濃く残ってしまうので、テレビや映画を見ることは滅多にありません。できるだけデザインに影響しないような生活を心がけています。

ものづくりを支えてくれるもの

　一連のデザインを行うのは、私ひとり。孤独な作業といえるかもしれません。以前は孤独だなと思ったこともありますが、今はほとんど感じなくなりました。きっと理由は2つ。創作段階でスタッフとデザインのアイディアを共有する時間があること。もう1つは、お客さまの反応をより身近に感じる機会が増えたこと。

　たとえば、Coral & Tusk のアイテムを購入したお客さまは、どれだけ気に入ったか、ということを知らせてくれるためだけに、オフィスに電話をくれるのです。今では、レビューやインスタグラムなどを通じて、どんなふうに楽しんで使っているかを発信してくれる人も増えました。そういったメッセージを読むと、私のデザイン

から温かなつながりを感じます。

　今までで最大のスランプは、2018年の秋、私の住むワイオミングで山火事が起きたときです。目の前で大好きな自然が焼けていく光景を目にして、悲しくて、つらくて……。このときは時間の許すかぎり、自分の心を休ませて、ふだんの動物柄とは少し趣の異なる、フルーツをテーマにしたデザインを制作しました。このデザインは翌2019年の春夏コレクションとして発表しました。

製品へのこだわり

　デザインを完成させて、製品ができ上がったあとに、もうちょっとこうしたほうがよかった、と感じることももちろんあります。以前は、頭のなかにあるたくさんのアイディアをできるかぎり早く形にしたいと思い、とにかく製品もたくさんつくっていました。その頃は、製品化したあとに、もう少しここに刺繍があったほうがよかったかな、違うデザインがよかったかな、と反省することが多かったように感じます。

　2019年にジェニー・ワイルドにコンサルタントに入ってもらってから、その思いはずっと少なくなりました。創作段階でデザインのアイディアをチーム全体で共有することで、アイディアを絞り込めるようになり、私のなかでより納得した仕上がりになることが増えたのです。

　製品ができ上がっていく過程で改善するのは、インドでサンプルができたとき、私の手元にサンプルが届いたときの2回。ここで色みや刺繍の細部を調整します。

　ものづくりは、「私の頭のなかのアイディアが形になった」という単純なことではない、という理解も深まりました。デザイン作業を経て製品化された一つ一つのアイテムは、私たちの手を離れて、個々のお客さまの世界で存在している。その大切なことをより意識するようになったのも、私にとって大きな変化です。

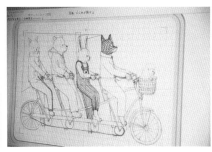

手刺繍から製品になった"Tandem Pocket Pillow"の刺繍ファイルづくり。動物の毛並みや洋服の細かな柄はこの段階で描いていきます。

第6章

ブルックリンと、ワイオミングと

ワイオミングに移住した理由

　ブルックリンからワイオミングという、地理的にもすごく離れていて（約3000km）、環境も大きく異なる地への移住を決断するには、さまざまな要因がありました。

　1つには、私たち夫婦に子どもがいなかったこと。親しい友人たちに子どもが生まれると、彼らはシティの外、アップステート・ニューヨークなどに家を購入し始めました。友人と楽しく過ごす時間が減ったことでワークライフバランスを保つのがむずかしくなりました。私たちは仕事以外の楽しみを、自然のなかで過ごすことに見出しました。今まで訪れた地域で最も自然に親しめる場所、それがワイオミングでした。

　ワイオミングを初めて訪れたのは5歳のとき。両親との家族旅行です。そのときに感じた、「ここに来れば、自然の景色や想像を超えた動物たちに出会える」という気持ちが、今につながっています。

　クリスも私と同じように、子どもの頃にワイオミングを訪れていました。ふたりとも懐かしい思い出と愛すべき場所に戻りたいという渇望があったのです。

　初めてふたりで訪れたのは、1994年の夏。つきあい始めてまだ日の浅い、そんな頃のロードトリップでした。

　2012年8〜9月、私たちは休暇をとり、再びワイオミングに向かいました。ちょうどフルタイムの仕事を辞めて、Coral & Tusk に専念した頃です。

　私の父がその年の5月に亡くなったこともあり、人生の大きな転換期でした。父と母は私が16歳のときに離婚。父とは会えない日が続いていました。2001年にオハイオの母の家が火事に遭い、母を支えるために一時的にオハイオに戻った際、オハイオに住む父とも会う機会が増え、大人になった私は、父との良好な関係をとり戻していたのでした。

ワイオミングで家を探す

　ワイオミングで家を探そうという気持ちが高まったのは、2014年の年末。ブルックリンのアパートを抵当に入れ、新しい家を購入する資金を工面しようと決めました。正直、予算はかなり厳しかったのですが、頻繁に出張するふたりにとって、住まいは空港があるジャクソンホールから車で1時間以内が条件。クリスは必死になってオンラインで物件を探し始めました。

　2015年5月、最初の下見旅行に出かけます。その後、さらに2回足を運び、全部で80件くらいの物件をチェックしました。転機が訪れたのは3度目の旅から帰ってきてすぐのこと。私たちが信頼を寄せている凄腕の不動産ブローカー、メリッサ・ハリソンから電話がかかってきました。「理想の家がマーケットに出たわ。これは買いよ！　急いで飛行機に乗ってきて！」と。

　すぐにワイオミングに舞い戻りました。それはまさしく私たちが探し求めていた家でした。2015年10月下旬に取引成立。ついに家を購入したのです。

　当初、ワイオミングの家は、夏だけ滞在するつもりでした。けれども、2016年の春、1年を通じてここに住むことが重要だという結論に達します。どれだけここを気に入るか、冬をここで過ごせるのか、ビジネスがリモートで成り立つのか。懸念事項は多々あったけれど、ブルックリンにアパートを借りたうえで、ワイオミングに1年間暮らしてみることにしました。

　ワイオミングに着いたのは、2016年6月3日。その2週間後、どんなにたいへんでもここで暮らそう！と誓い合ったのでした。

* 19
ジャクソンホール
ワイオミング州北西部エリアの名称。イエローストーン国立公園やグランドティトン国立公園への玄関口。多くの人が訪れるスキーリゾートがある観光地。

「アメリカで最も美しい国立公園」ともいわれるグランドティトン国立公園は、山と湖と森がどこまでも続く絶景を堪能できます。

ワイオミングでの仕事

ワイオミングに移住したら、仕事はどうやって進めるのか。それまではブルックリンのオフィスの大きな部屋でスタッフと顔を突き合わせながら、毎日いっしょに仕事をしてきました。何千キロも離れたワイオミングから、どうやってやりとりをしたらいいのだろう。乗り越えるべきことが山ほどありました。

気軽にコミュニケーションがとれないから、しっかりと時間を設けてミーティングする必要がありました。デザインプロセスの共有も一例です。スタッフが違う場所にいる環境が初めてだったので、離れていても信頼関係をしっかり築くことのたいへんさを実感しました。

試行錯誤しながら、離れていてもチームとしてよりよいコミュニケーションがとれるノウハウがしだいに身につき、スムーズに機能するようになっていったのです。

ブルックリンのスタッフがやってきた

2016年の夏、Coral & Tuskのスタッフ8名がワイオミングを訪れ、1週間近く滞在しました。わが家を案内し、グランドティトン国立公園までハイキングに出かけました。乗馬をしたり、ゴムボートでスネークリバーを下ったり。イエローストーン国立公園までドライブしてひと晩明かしたときは、ワイルドライフをたっぷり堪能し、ボイリングリバーの温泉や冷たい水を楽しみました。家のデッキで星空を眺めたのもいい思い出です。

何よりうれしかったのは、私の好きなワイオミングをみんなに紹介し、経験してもらえたこと。何人かはワイオミングを訪れたことがあり、何人かは初めて。みんな滞在中にユニークな体験をそれぞれしたけれど、共通して一ついえることは、どうして私がワイオミングを愛しているのかをよく理解してもらえたこと！

2016年、ブルックリンのスタッフがワイオミングに。当時、スタッフは8名。

パインデールでの仕事

Coral & Tuskでは、2017年から在庫管理やオーダー品の発送といった業務を第三者に委託していて、この仕組みも改善したい大きな課題でした。ワイオミングで仕事をする以上、製品を物理的に近くに置いておきたい。在庫管理や出荷の采配を自社にとり戻す必要がありました。2018年3月、私たちは業務委託を解消し、ワイオミングのパインデールに倉庫を構えることに決めました。パインデールは私が住むボンデュラントから車で45分くらいの町で、人口は2300人。そんな小さな町で人が集まるのだろうか。不安もありました。しかし、総合的に考えると、物流拠点を自社で掌握することは、私たちが下した極めて賢い決断の一つでした。

幸い、求人に応募があり、倉庫は稼働し始めました。Coral & Tuskの全製品をストック、オーダーもすべてここで処理されます。切り盛りするのは、2名のフルタイムスタッフと2名のパートタイムスタッフ。繁忙期の10〜12月には、さらに最大2名のパートタイムスタッフも。会計担当はリモートワークのパートタイムです。ブルックリンのスタッフが一貫したサポートを行い、

グランドティトン国立公園の近くを流れるスネークリバー。ブルックリンのスタッフといっしょにラフティングを楽しみました。

広大な大自然を堪能できるハイキング。険しいルートだったので、参加したスタッフは4名。

ブルックリンとパインデールの連携プレイが始まりました。日々ノウハウをアップデートし、驚くべき強固なチームを築き上げていったのです。スタッフ全員が自分たちの時間や才能、エネルギーを惜しみなくさし出し、Coral & Tuskという船をいっしょに漕ぎだしてくれた。このことは感謝してもしきれません。

顧客や注文ごとに伝達事項やスペックに注意を払い、オーダーをまとめ、品質チェックを行い、在庫を管理します。一つ一つのオーダーには手書きのメッセージを添え、ラッピングを施す……。一連の作業は抜群のチームワークで、すべてそつなく進みます。それはまるで、到底叶わぬ夢を見ていたら、現実になってしまった、しかもボーナスドリームのおまけつき、といった感じです。

ブルックリンでの仕事

ブルックリンでの仕事は、ブランディング、セールスマーケティング、インスタグラムなどのソーシャルメディア、製品撮影、カスタマーサービス、ウェブサイトのマネジメント、卸先のお客さまへの対応などです。総勢5名。それぞれ担当がありますが、お互いをサポートしたりしながら、日々の業務をこなしています。

ブルックリンのスタッフとは、週ベースで個別にミーティングをしています。全般的な事項をキャッチアップし、TO DOリストを確認。大切なことなので、優先して時間をあてるようにしています。毎週開催する全社ミーティングでは、パインデールのスタッフも加わり、

会社全体に関わるすべてのトピックを確認します。

スタッフの裁量で適宜行うミーティングも機能しています。コレクションごとのデザイン概要が一例です。月1回の報告会では、各メンバーが担当部署の進捗状況について報告し、ブレストミーティングも行います。月1回のマーケティングミーティングも始めたところです。

私の仕事環境

私個人のことをいえば、スタッフがすばらしい仕事をしてくれるので、私のやるべきことが明確になりました。強固なチームに支えられ、デザイナーとしての仕事に専念でき、責務をまっとうできるようになったのです。

一連の仕事のなかで最も集中力を要する刺繍ファイルの制作は、以前はとりかかると、1カ月半ずっと徹夜状態でした。この開発サイクルの改善に粛々ととり組み、今では睡眠時間を削るのは、2、3週間くらいに短縮。目下の目標は、先々のことまで段どりよく進めて、ものづくりの工程において徹夜仕事を減らすこと！

ワイオミングの仕事環境は、自宅の隣にアトリエができたおかげで、解放感のある広々としたオープンスペースで、思う存分、資料を広げて作業できます。

また、製品の使用イメージの幅も広がりました。ワイオミングの家はニューヨークで住んでいた狭いアパートとくらべると、アメリカでは一般的な広さに。人々が実際に私たちの製品を家のなかでどんなふうに使っているのかを理解するうえで大きな助けになりました。

「文化の私物化」について考えたこと

ネイティブアメリカンと呼ばれるアメリカの先住民族は、長い間、彼らの文化や言語を忘れるように教えられてきました。先住民族にアメリカの市民権が付与されたのは1924年、50州すべての投票権は1962年、民族の宗教の自由が認められたのは1978年のことでした。先住民族にとって、独自のデザインやアート、言語、名前、そして尊厳は、殴打や虐殺の歴史のなかで守り抜き、とり戻した神聖なものです。先住民族のルーツをもたない人々が、インスピレーションやアイディアとしてむやみに使用することは避けるべきで、文化のルーツを真に理解する必要があります。

Coral & Tuskは過去に、先住民族の文化が起源となるモチー

フ（羽根を使ったヘッドアクセサリーやティピーなど）を、デザインに使用したことがありました。のちに「その行為は文化の私物化である」と、第三者から指摘を受けたのです。これを機に、先住民族の文化を理解することに努め、同時に、私たちに何ができるかを考えるようになりました。

私たちはそのとり組みの一つとして、先住民族の文化を学んで考え続け、コミュニティーへの継続的な寄付を行い、さらにこのとり組みで学んだ知識を、Coral & Tuskのウェブサイト上で共有しています。より多くの人が「文化の私物化」がもたらす被害を学び、理解し、もし同じようにデザインする立場ならば、これをきっかけに行動してくれることを願っています。

働き方改革を行う

Coral & Tusk は、前述したように2019年から1年間、ジェニー・ワイルドという社外コンサルタントとともに仕事をしていました。ジェニーは、私がテキスタイル業界で働いていたときの同僚です。

彼女から学んだことはたくさんありますが、一番大きなことは、ほかとは違う Coral & Tusk ならではのものづくりの大切さです。

この頃の私は、異なる大量の仕事をいっぺんにこなそうと必死でもがき、その結果、力を注ぐべきものは何なのかを見極める判断力を失いかけていました。何が Coral & Tusk をユニークで唯一無二の特別なものにしてくれるのか。彼女はいっしょに仕事をしながら気づかせてくれました。そして、私が再び Coral & Tusk というブランドに愛情を注げるように導いてくれたのです。新しいアイディアがあるからといって、何でもつくってしまうと方向性を見失ってしまう。新しい分野にチャレンジすることもよいけれど、一方でみんなが愛してくれる Coral & Tusk らしさもきちんと守っていく。それは同じことをずっと続けるということではなく、今あるものをどのようにして、もっとよくしていくか。その大切さを教わりました。

ジェニーの助言により、各コレクションが立ち上がるときに、デザインの概要を私からスタッフ全員に説明することを決めました。ドローイングや刺繍ファイルを最終的に確定させる前に、私の頭のなかにある次のコレクションの着想やストーリー、想いを、スケッチを交えながらチームメンバーに説明するようにしたのです。

すべてのコレクションを"見える化"して総合的に考え、チームで共有し、協業していく。このことは、私はもちろん、スタッフにとっても大きな前進でした。最終的なイラスト原画の制作、とりわけ刺繍ファイルの作成は、ものすごく時間がかかる作業。だからこそ、刺繍ファイルの着手前にスタッフに共有することで、有意義なフィードバックが得られ、最終的な決定に反映できます。

ブランドとして何をつくり、どう提供するかに力を注いだことで、ゴールがより明確になりました。全員が目標を達成するために自分たちは何をすべきか、を理解できるようになったのです。

スタッフ全員が成長したことも大きいです。多くのスタッフが長い間ずっといっしょに働いてきたおかげで、全員が自主性を伸ばし、自信と責任をもってやり遂げられるようになりました。チームワークのよさは天下一品。チームが一丸となって働く結束力と各人の成長によって、さらに満足のいく成果が出せるようになったのです。

2017年、サンセットパークのインダストリーシティにあったブルックリンのオフィス。

第7章

ワイオミングの暮らし

ボンデュラントという町

　私たちの家があるのは、ボンデュラントという小さな町のホバック牧場のエリア。ワイオミングはアメリカで一番人口の少ない州ですが、とりわけボンデュラントは人口が少なく、町に店がありません。家から車で約15分のところに郵便局、小学校、教会、消防署があります。小学校の全校児童は3〜5人。ミルク1瓶を買うために1時間車を走らせないといけない、そんなところです。

　町は渓谷にあって、3つの壮大な山脈、ワイオミング、グロヴォント、ウインドリバーに囲まれています。静かで、人里離れた未開拓の土地です。新鮮な空気と水、ワイルドフラワー、天体観測……。見渡すかぎり、息をのむような景観が広がっています。

　ホバック川という小さな川が流れ、土壌は乾燥した砂漠に分類され、農業は不可能。ボンデュラントの伝統的な産業といえば、牛を育てること。今も長い牛の列に、カウボーイやカウガールの姿を見ることができます。

ワイオミングの家

　家は1987年に建てられたログキャビンで、標高2,286メートルの高地にあり、マツやモミの針葉樹とカバノキに囲まれています。敷地は20エーカー（8ヘクタール、東京ドーム約1.7倍）。一帯は広大な分譲地で、10エーカーよりも小さな土地はなく、家は点在しています。

　手入れが行き届いたログキャビンはとても美しく、元の持ち主、ジェームス・ボンドとペグ・ボンドが注ぎ込んだたくさんの情熱が感じられました。私たちふたりに

とって、この家も、この土地も、なにもかもが完璧でした。ワイオミングの家として、私たちが思い描いていたすべての条件を満たしています。「こうであってほしい」という私たちの希望をすべて備えていたのです。

　ログキャビンの1階は、リビング、ダイニング、キッチンがつながった広々とした空間とゲストルームが2つ。2階には主寝室、地下にはもう1つのゲストルームとエクササイズルーム、サウナがあります。

　家のなかで特に気に入っている場所は、アウトドアデッキです。できるかぎり屋外を楽しみたいので、寒くない季節はよくここで過ごします。外に出られない時期は、1階の窓越しに景色を楽しみます。

　家具はブルックリンに住んでいた頃のものをそのまま使い、買い足したものはほとんどありません。キッチンやバスルームなど、水まわりを中心にリノベーションしました。キッチンに選んだのは、白いキャビネットと真鍮（しんちゅう）素材のハードウエア。ログキャビン全体をやわらかい雰囲気にしたいと思い、異素材をプラスしました。部屋のあちこちに、温かくて肌ざわりのよいブランケットを用意しています。いつでもその場所で温かく快適に過ごせるように。居心地よく暮らす小さな工夫です。

ログキャビンの1階。窓がある側が西。

左／2階にある主寝室。窓があるのは西側ですが、カーテンをつけていないので、日の出とともに明るくなり、自然と目が覚めます。

右／リノベーションしたキッチンは、白いキャビネットに真鍮素材の取手を合わせて明るい雰囲気に。リビングからよく見えます。

右ページ／アトリエ近くから北側にある母家を眺めた風景。アトリエと母家の間には小道があり、ここを通って仕事に向かいます。

ふだんの暮らし

日々の生活は、そのときの仕事量によって寝る時間も起きる時間も変わりますが、だいたい5:30〜7:00の間に起床します。2階の寝室の窓にはカーテンをつけていないので、朝日とともに目覚めることも多いです。夏だと6時くらいでしょうか。起きたら、キッチンに行ってコーヒーを淹れます。この朝の時間で心がけているのは、スマートフォンをできるかぎり見ないで、日がのぼる景色を楽しむこと。そのあとに仕事のメールを確認します。次にヨガとストレッチをして、犬を連れて散歩に出かけ、鶏の様子をチェックします。朝食はクリスがつくるグリーンスムージー。これを飲んだらアトリエに行き、本格的に仕事にとりかかります。

お昼ごはんは家に戻り、オートミールにフルーツやシードなどを入れて、フラックスミルクといっしょに食べることが多いです。仕事を終える時間は決まっていません。寝る時間はそのときどきの忙しさによって、朝の4時頃になってしまう日もあれば、23時頃に寝る日もあります。クリスは週末と平日をしっかりと分けていますが、私には曜日の区別がほとんどありません。

毎日の日課は、仕事、ヨガ、エクササイズ、犬の散歩、鶏の世話、掃除です。順番はその日の状況次第。夕方寒くなりそうな日は、明るい時間にジョギングに出て、仕事を夕方にまわします。ヨガやストレッチ、運動、サウナは家で、仕事はアトリエで行いますが、外が暗くて寒く、家でも作業できることなら、家で仕事をすることもあります。リラックスタイムの楽しみはサウナ。クリスも私もサウナが大好きで、週に3〜4回入ります。

ふだんの食事は、クリスも私もそれぞれのスケジュールで仕事をして、食べる内容も異なるため（私はベジタリアン、クリスは違う）、別々です。外が大好きな私は、天気がよいときはデッキで食べます。友人が来たときは

デッキに出て、みんなでごはんを食べることもあります。食料品の買い出しは、2週間に一度くらいでしょうか。

家事は、それぞれの担当がなんとなく決まっていて、結果的には同じぐらいの分担かなと感じています。掃除は、散らかっていると落ち着かない私が担当。除雪作業は、私はシャベルを、クリスはトラクターを使います。

家に届く郵便物は私が目を通し、生活に関わる契約書など比較的ボリュームのある書類は、クリスの担当。彼はしっかりと目を通して確認する作業が得意なので。

私の弟のひとりがワイオミングに住んでいて、クリスととても仲よし。ふたりで週末にスキーに行ったり、ガレージに設置したインドアゴルフをしたり、夏は魚釣りをしたり。私の母も最近ワイオミングに引っ越してきたので、私は母と過ごす時間を楽しんでいます。

ワイオミングの四季

一年のなかで一番好きな季節は夏です。あたり一面にたくさんのワイルドフラワーが咲き、動物の赤ちゃんが生まれる頃。彼らを観察するのもワクワクします。今までにクマやエルク、シカ、ムース、オオカミ、キツネ、コヨーテ、マウンテンライオン、フクロウ、イーグル（ワシ）、ファルコン（ハヤブサ、タカ）、バイソン（アメリカ野牛）、オオツノヒツジ、カナダヅル、アナグマ、ウサギ、ユインタジリスなど、そして多くの野鳥類に出会いました。6月中旬から9月中旬の短い夏の期間にハイキングや魚釣り、キャンプを楽しみます。ハイキングでさまざまな場所を巡ってみたいけれど、私が見たいワイオミングの場所をすべて制覇するのは、一生かけてもできないのではないかと。

春と秋はあっという間に過ぎます。特に秋は一年のうちで一番短い季節。天気がいい日は夏のようだし、天気が悪い日は冬のよう。天候に恵まれた秋の日は野生動物

左／標高3000メートルまでハイキングで登ると、美しい高山植物やすばらしいグランドティトン国立公園がのぞめるパラダイスが！

右／6月初旬、イエローストーン国立公園でバイソンを発見。赤ちゃんもいます。

ジャクソンホールの野生生物保護区、国立エルク保護区で見たビッグホーンシープの群れ。めったに出会えない光景に感動しました。

ワイオミングの冬。ログキャビンの周辺も雪景色に。

を目ざして、多くのハンターがやってきます。

　冬は11月中旬から5月上旬と長く、極寒で、雪深い。スノーモービル、スキー、スノーシューズを履いて雪景色のなかを散策するのが、この季節の主なアクティビティーです。除雪作業は冬季のフルタイムジョブのよう。とりわけ大雪が降ると、私が住むエリアは完全に孤立しているため、道路を除雪するといった、町の便益が受けられなくなります。

　ボンデュラントではすでに6回の冬を経験しました。冬の厳しさはこの6年間でさまざまだったけれど、引っ越してきた最初の冬（2016〜2017年）は、40年間生きてきたなかで最もすさまじい気候！　その冬を生き抜いた私たちはみんな、スノーポカリプス（猛吹雪）と呼んでいます。とにかくものすごい雪の量で、気温はマイナス40度。尋常ではない寒さと強風は大混乱を巻き起こしました。ハイウェイから私たちの町まで続く一本道は、わずか数分で何メートルもの雪が吹き込み、多くの家屋は大量の雪と氷の重みで崩壊し、電柱は強風にたわみ、次々と壊れました。この厳しい冬の出来事は、地元の人の記憶に深く刻まれています。

　2016〜2017年の冬は間違いなく脅威でしたが、通常の穏やかな冬であっても、何日かは大雪に見舞われます。降り積もった雪をとり除くため、何時間もシャベルで雪かきをし、トラクターを操縦して除雪します。

ワイオミングに暮らして、変わったこと

　ワイオミングに移住したことで、毎日の暮らしは、思い描いていたとおり、あらゆる面で変わりました。それはたとえば、こんなこと。

・私の眼は美しいものだけに開かれるようになった。どんな場所に行っても、何を見ても、眼に入ったものを愛するようになり、喜びで満たされるようになった。

・余暇を楽しむようになった。年齢を重ねるにつれて、自然を求めるようになり、ニューヨークの生活が自分には合わなくなった。それが一転、ワイオミングでは、目の前が今の自分が求めている大自然。その環境のおかげで、余暇が充実するようになった。

・やりたい活動にムダな努力が不要になった。ニューヨークでは、豊かな自然のなかでハイキングをしたかったら、渋滞のなか何時間も車に乗って、移動しなければならなかった。ワイオミングではその必要がない。自然は目の前にあるのだから。

山火事の経験からボランティア消防士へ

　2018年9月の山火事、ルーズベルトファイヤーは、私たちのコミュニティーに大打撃を与えました。コミュニティーの半分（55世帯）は崩壊。山火事は数日間に及び、住民は全員避難を余儀なくされました。その間、自分たちの家を失うか否か、まったく見当もつきません。

除雪作業をするトラクターは厳しい冬のライフライン。2017年にアリゾナ州の施設から引き取った保護犬のフジは寒い冬でも外が好き。

2018年の山火事、ルーズベルトファイヤーでは、あたり一面が煙に包まれました。山火事から2日目の様子を自宅近くの道路から撮影。

クリスと私は、隣人のジューン・スウィードの家に避難させてもらいました。ジューンは冬の間、東部に滞在しているので、ワイオミングの家を避難場所として提供してくれたのです。燃え広がる山火事への不安と恐怖におびえながら、ジューンの親切が身にしみました。

その山火事は、家を失う可能性もあるほど深刻な状況でした。クリスと私は持てるものすべてを2台の車に詰め込み、保険会社に報告し、代替してもらうために備え、所持品のほとんどを写真に収めました。いよいよ避難となったとき、持っていくことができるのは、車に積める量だけ。結婚証明書、出生証明書、パスポート、写真、刺繍のソフトウェアなど、燃えては困るものと、身のまわりのものだけを携え、家をあとにしました。

ルーズベルトファイヤーをきっかけに、私たちはボランティアの消防士になろうと決めました。訓練は2019年1月から始まり、同年9月に修了。消防士の資格を取得するために、今でも月2回の定期訓練に参加し、一般的なメンテナンストレーニングを行っています。

荒野の消防士の資格を維持するためには、毎年の体力テストにパスしなければなりません。45パウンド（20.4kg）のウエイトベストを着用して、3マイル（4.8km）を45分以内に走り切る、というもの。実際の活動では人を運んだり、重いものを動かしたりするため、求められる体力の基準に達しない場合は、消防士としての資格を失います。肉体を常に鍛えた状態にしておくことは、基本的な条件なのです。ボランティア消防士についてよく理解していなかったのですが、消防士はすべての交通事故においても最初に対処しなければなりません。通報は山火事よりも車関連のほうが多いのです。

地元の人々とスーザン・フレミング

ボンデュラントのような極めて人口が少ない田舎町では、近所の人たちと知り合う機会はほとんどありません。しかも年間を通じて住んでいる人があまりいないのです。クリスも私も通年の居住者で、地元の人たちよりもはるかに若いので、地元のイベントにボランティアとして参加しています。ボンデュラントコミュニティクラブ、ホバック牧場のイベントやボランティア活動など。消防団の一員にもなりました。

積極的に地域社会に関わるようになったきっかけは、ルーズベルトファイヤーで、想像していた以上にボランティア活動の重要さを痛感したからです。

地域社会に全力で貢献したい。地元の人たちともっと深く関わり、できるかぎり交流していきたい。そういった活動が人々を幸せにし、暮らしを豊かにして、喜びや幸せ、前向きな気持ちをもたらすと信じています。

ワイオミングに移住した2016年、ジャクソンにあるスーザン・フレミングのショップ「ワークショップ」[20]の一角を借りてCoral & Tuskの製品の販売を始めました。スーザンとはトレードショーを通じて親しくなった間柄。私たちがワイオミングの家を探していたときに、何の知識もない私たちのよきアドバイザーになってくれました。ワイオミングへの移住が決まったとき、スーザンは私が地元の人たちをより理解できる機会を得られるようにと、ショップの一角を貸してくれたのです。これには本当に助けられました。

当初ワークショップでは、ワイオミングという土地柄、ウエスタンぽいデザインを中心にCoral & Tuskの製品を選んでいました。でもジャクソンは観光客が多いエリアでもあるので、訪れるお客さまのなかにはビーチハウスに住んでいる人もいます。テーマを絞らずにバラエティに富んだ製品をとり扱ってみると、その分、売り上げが増えました。そこで私たちは、売れた分だけ支払う委託仕入れという取引形態に変更。すると売り上げが10倍になったのです。本当にすばらしい経験でした。

左／正式にボランティア消防士になるとピニングセレモニーでピンがもらえます。

右／訓練に参加した人たちの卒業式。後ろに写っているのは訓練をする建物です。

*20
ジャクソン
ワイオミング州北西部の都市。イエローストーン国立公園やグランドティトン国立公園への玄関口。観光地だが、地元の人が使う大型スーパーなどもある。

ジャクソンにあるスーザン・フレミングのショップ。

自然と、動物に、愛を込めて

ワイオミングに移住してから、毎日、長い散歩をするようになりました。週末には、何か楽しいこと、心が満たされることを求めて、ここが自分たちの場所だと思えるような、未知の場所を探索しています。

休日の楽しみは、ハイキングやカヌーなどのアクティビティー。ワイオミングは夏がとても短いので、仕事が早く片づいたときは、平日でもハイキングに出かけます。

2019年に地元の消防団に加わってから、体を鍛えることにいっそう力を注ぐようになりました。毎日、パ

ワーヨガ、体幹を鍛える訓練、5〜10マイル（8〜16km）のジョギングをしています。

日々、たくさんの動物にも出会っています。多くの人が一生に出会う動物よりもはるかに多い！ すべて目に焼きついています。動物たちとの出会いのおかげで、ここがいっそう特別な場所になりました。野生動物を発見し、観察していると、生まれつき備わった習性や行動を垣間見ることができ、何度も何度も宝くじに当たったような気分になります。

芝生に置いたCoral & Tuskの布張りの椅子でキツネが昼寝をしていたり、星を見ていたら、見事なグレーのフクロウがデッキにとまっていたり。最高におもしろかったのは、グランドティトン国立公園で出会った雄と雌のハイイログマ。彼らはつがいになる前で、お互いを確かめ合っているところでした。すると突然、雄が後ろ足で立ち上がり、背中を掻き出して、くねくね動きだしたのです。まるで漫画を見ているようでした。

自然の生息地で動物を観察することほど、喜びをもたらしてくれるものはありません。と同時に、ワイオミングに住むようになってから、動植物の生息環境を健全な状態に保ち、危険から保護することに対しての意識がいっそう強くなり、より積極的になりました。

Coral & Tuskとして、動物をモチーフにデザインするからには、その動物の魅力をお客さまに存分に伝えて、その存在により興味をもってもらいたい。そして動物たちが直面する環境にも目を向けるきっかけになってくれたら。そう願い、日々、デザインを続けています。

こうして5年後も今と変わらず、少しずつ成長しながら、Coral & Tuskのデザインをお客さまに楽しんでもらえるよう願っています。10年後は、ひとりのアーティストとしてもペインティングのアートワークを制作する時間をもっていたい。20年後は、大好きな自然や動物の世界をさらに楽しむ旅や日常を過ごしていたいです。

家の敷地の芝生に置いた布張りの椅子は、さまざまな動物たちの休憩場所になっています。この日はキツネが昼寝をしていました。

左／2022年10月にアイダホ州の保護施設まで迎えに行ったシーズー犬のパピ。

右／パピの引き取りにはフジも連れていき相性を確認。2匹はとても仲よしです。

We are deeply grateful that you went on this expedition with us!
THANK YOU!

I also hope that we have shared both visually through our designs and factually through our story telling about the magnificent world we live on and the flora and fauna which we share it with.

Learning about our planet compels us to care more deeply and protect this constant source of inspiration.

Thank you for your investment and support in us...YOU allow us to create what we love to make. What a dream!!!!!

It is impossible to express the deep level of appreciation we feel daily, and we hope, for many, many more years to come!

Coral & Tusk を探検する旅は、いかがだったでしょうか。

Coral & Tusk のデザインや背景にあるストーリーを通して、私たちの住む壮大な世界やそこに共存する動植物のすばらしさをお伝えできたとしたら、こんなにうれしいことはありません。私にとって地球はインスピレーションの源。知れば知るほど、大切にしたいという思いが深まります。

Coral & Tusk に興味をもち、応援してくださるみなさんに心から感謝します。日々感じる感謝の気持ちは言葉で言い尽くすことができません。みなさんのおかげでここまで来られて、そしてこれからがあります。

本当に夢のようです！　心からありがとう！

これからも末長くみなさんに Coral & Tusk の世界をお届けしていきたいです。

Stephanie Housley

ステファニー・ハウズリー

Special thanks to

my Mom, my Dad, my Brother, Caroline Hofmann, Michael Koch, Yukti Gupta, Asumi Tomita and the team at Coral & Tusk, Will Ellis, Amy Lipkin, Jennie Wilde, Yumiko Sekine, Atsuko Sudo, Takafumi Shinoaki, Kei Maeda, Yoriko Hoshi, Yuriko Ishida, Kanae Ishii, Asako Ueno, Akiko Ichikawa, Yuriko Aoki, Rinne Allen, and my incredible husband, Christopher Lacinak.

デザイン	前田 景・大園早香
撮影	Rinne Allen p.1～32, 204～208, 213, 248, 264～267, 272, 273, 277
	Kate Lacey p.48, 49, 56, 57, 70, 71, 75～79, 82, 83, 85, 86, 89, 95, 254, 257
	Martin Scott Powell p.90, 91
	Will Ellis p.96, 97, 103, 104, 107, 110, 115～118, 122, 123, 125, 127～131, 136～138, 141～145, 148～150, 155, 156, 159, 162, 165, 167, 168, 170, 171, 175, 180～184, 189, 261, 271
	佐山裕子（主婦の友社） p.214～220
	安川結子 p.230～239
編集協力	冨田明日美（Coral & Tusk）
販売協力	青木由里子（H.P.FRANCE）
企画・編集	須藤敦子
編集担当	東明高史（主婦の友社）

Stephanie Housley
ステファニー・ハウズリー

Coral & Tusk のファウンダー＆デザイナー。アメリカ・オハイオ州で生まれ育つ。RISD（ロードアイランド・スクール・オブ・デザイン）でテキスタイルを学んだのち、ニューヨークでインテリアのテキスタイルデザイナーとしてキャリアを積む。2007年、ブルックリンの自宅アパートで、1台の刺繍用ミシンとともに Coral & Tusk を立ち上げる。デザイナーとしての豊富な知識と経験、天性の資質、そして、夫のクリス・ラシナックのサポートにより、Coral & Tusk は世界中で愛されるブランドへと成長を遂げる。ステファニーが一つ一つステッチを描き、インドで機械刺繍をする手法は、Coral & Tusk らしさを持ち続けるため、ずっと大切にしている。2016年、20年あまり過ごしたニューヨークから、クリスとともにワイオミングに移住。山の家で、愛犬のフジとパピ、周辺の野生動物とともに暮らしている。

Coral & Tusk https://coralandtusk.com/

コーラル　アンド　タスク
CORAL & TUSK　コーラル＆タスク 15年間のものづくり
ねんかん

2023年 8 月20日　第1刷発行
2023年10月10日　第2刷発行

著　者　　STEPHANIE HOUSLEY
　　　　　ステファニー　　　ハウズリー

発行者　　平野健一

発行所　　株式会社主婦の友社
　　　　　〒141-0021　東京都品川区上大崎3-1-1　目黒セントラルスクエア
　　　　　電話（内容・不良品等のお問い合わせ）03-5280-7537　（販売）049-259-1236

印刷所　　大日本印刷株式会社